Oa
257

HISTOIRE
DES
AMAZONES.

HISTOIRE
DES
MONDES

HISTOIRE
DES
AMAZONES
ANCIENNES ET MODERNES,

Enrichie de Médailles,

Par M. l'Abbé GUYON.

SECONDE PARTIE.

A PARIS,

Chez JEAN VILLETTE, ruë S. Jacques, vis-à-vis les Mathurins, à la Croix d'Or & à S. Bernard.

M. DCC XL.

Avec Aprobation & Privilege du Roi.

TABLE
DES CHAPITRES

Contenus dans la seconde Partie de l'Histoire des Amazones.

CHAP. III. De l'Habillement & des Armes des Amazones, page 1.

CHAP. IV. Des Guerres des Amazones, 25.

   ART. I. Premiere Guerre des Amazones, 27.

   ART. II. Seconde Guerre des Amazones, 49.

   ART. III. Troisiéme Guerre des Amazones, 56.

   ART. IV. Quatriéme Guerre des Amazones, 63.

   ART. V. Cinquiéme Guerre des Amazones, 81.

CHAP. V. Monumens des Amazones dans les différens Païs qu'elles ont

TABLE

habitées, 95.
ART. I. *La Ville & la Contrée de Thémiscyre*, 97.
ART. II. *Ephese & le Temple de Diane*, 105.
ART. III. *La Ville de Smyrne & les environs*, 131.
ART. IV. *La Ville de Thyatire*, 142.
ART. V. *Myrine, Cumes, Paphos & autres*, 144.
CHAP. VI. *Sépulchres ou Tombeaux des Amazones*, 150.
CHAP. VII. *Culte des Amazones*, 160.
CHAP. VIII. *Tems & Durée des Amazones*, 168.
CHAP. IX. *Amazones étrangeres ou modernes*, 180.

Fin de la Table.

Part. II. p. 1.

Ch. Mathey Sculp.

HISTOIRE DES AMAZONES.

CHAPITRE TROISIEME.

De l'Habillement & des Armes des Amazones.

ES Historiens nous disent peu de choses sur l'habillement des Amazones; on ne peut le connoître que par les Médailles qui nous en res-

Tome II. A

tent. Ces rares & précieux monumens de l'Antiquité nous les représentent sous trois habits différens. Dans deux pieces frapées à Thyatire, ville bâtie par les Amazones, nous voïons deux de ces Guerrieres (a) vêtuës comme les Héros de la Grece sous l'Empire des Macédoniens. L'une porte un casque dont la visiere est rehaussée, & qui est garni d'un triple panache. Cet ornement est très-ancien, puisqu'Homere le donne à Hector. L'Amazone est vêtuë d'une espece de corset cuirassé, & terminé par une ceinture & une cotte d'arme, qui descend à peine jusqu'au genou. Des brodequins ordinaires font sa

———————

(a) TRISTAN, GRONOVIUS & PETIT. C'est par ces différentes Médailles qu'il faut concilier les Auteurs qui habillent diversement les Amazones.

chauſſure. Elle a ſur la main droite, qu'elle tient étenduë, une petite Victoire aîlée, qui porte une palme & une couronne de laurier. Dans ſa gauche ſont le bouclier & une longue hache d'arme à deux tranchans ſur laquelle elle eſt apuïée au lieu de lance.

La ſeconde Médaille des Thyratiréens repréſente une Amazone à peu près ſemblable à la premiere pour le fonds de l'habillement & des armes ; excepté qu'au lieu de caſque elle a une couronne de tours, & qu'à la place de la petite Victoire elle porte un Temple ; mais elle a le côté & le bras droit nuds.

En d'autres, les deux bras & le côté gauche ſont à découvert, & le carquois eſt ataché à la ceinture. Celles-ci n'ont ni caſque ni couronne, & leurs cheveux sont liés de court derriere la tête.

Dans une de ces pieces anciennes on voit Hercule armé de sa massuë qui combat contre une Amazone à cheval. Elle a une robe qui descend jusqu'aux talons, & pour étriés, une courroie atachée à la ceinture & qui arrête le milieu de la jambe. Le dernier de ces vêtemens n'étoit pas le plus ordinaire.

Mais quelque forme qu'ils eussent, les uns & les autres étoient communément faits (*b*) de la peau des bêtes que les Amazones tuoient à la chasse. Ils étoient noués sur l'épaule gauche, laissant tout le côté droit à découvert, & ne descendoient pas au-dessous du genou.

―――――――――――
(*b*) Q. Curt. L. 6. c. 5.

Leurs armes étoient la fléche, la lance, la hache d'arme & le bouclier.

Nées dans un païs où l'on ne savoit combattre que de loin, les Amazones aprenoient (c) dès l'enfance à manier l'arc, & elles s'en servoient avec autant d'adresse que les Scythes & les Parthes. Comme eux (d), elles savoient parfaitement lancer une fléche par derriere à l'ennemi qui les poursuivoit; & il étoit aussi dangereux de les suivre dans leur retraite que de les attaquer de front; ce qui leur fit donner le nom de (e) *Jaculatrices*. On

(c) Diod. L. 3. p. 186.

(d) Lysias *Orat. funebri apud* Photium. Virg. Æneid. L. XI. v. 653.

(e) Apollon. Rhod. *Argonaut.* v. 1002.

voit dans la description de tous leurs combats (*f*) quels ravages elles faisoient avec cette arme favorite, qui portoit la mort aussi vîte que le regard & la pensée, sans que leurs ennemis pussent se mettre à couvert, ni qu'ils fussent à portée d'en tirer vengeance. Ce fut pour profiter de cet avantage que les Amazones défigurerent la plus délicate partie de leur corps par une opération douloureuse, afin de n'avoir rien (*g*) qui les empêchât de lancer une fléche avec toute la roideur dont les hommes sont capables.

L'expérience fit connoître aux

(*f*) QUINTUS SMYRN. L. 1. *in pugna*. PENTHESILEÆ. VIRG. Æneid L. 1. v. 495.

(*g*) DIOD. L 2. p 128. JUSTIN. L. 2. c. 4. EUSTATH. *ad* Perieg. ISIDOR. Orig. L. 9. c. 2.

Romains que les Parthes, originaires des Scythes, & dont ils avoient conservé les usages, n'entendoient pas à se battre de près, & cette remarque leur valut plusieurs victoires. Les Amazones n'atendirent pas longtems à corriger ce défaut parmi elles. Une partie de leurs troupes (*h*) fut destinée à porter la lance comme tous les Peuples de la Grece & de l'Asie, pour s'en servir quand l'ocasion le demanderoit. La légereté & la grace avec lesquelles elles la manioient leur en avoient fait une espéce d'ornement & de contenance, lors même qu'il ne s'agissoit pas de se présenter au combat.

(*h*) Diod. L. 3. p. 186. & *alii*. Lucien dans son Traité des Images parle de la statue d'une Amazone apuïée sur sa lance, qui étoit un chef-d'œuvre du célèbre Phidias.

Ainsi quand leur Reine Thalestris (*i*) alla voir Alexandre, elle parut devant lui tenant deux lances à la main, quoiqu'elle vînt plûtôt en femme galante qu'en Amazone Guerriere.

Celles qui l'acompagnoient (*l*) avoient, au lieu de lances, des haches d'armes doubles ou à deux tranchans, dont la hampe n'étoit pas moins grande que celle d'un javelot. La célebre Penthesilée (*m*) l'imagina dans le feu de la Guerre, & les Grecs en sentirent cruellement les premiers effets au siége de

(*i*) Q. Curt. L. 6. c. 5.

(*l*) Arrian. L. 7. c. 13.

(*m*) Q. Calaber *seu* Smyrnæus. Homeri *Paralipomena*. L. 1. p. 11. Plin. L. 7. c. 56.

Troye. On ne voit pas que cet exemple leur ait apris à en faire usage; mais Cyrus (*n*) arma ainsi une partie des Perses qu'il avoit amenés au secours du Roi des Medes contre Babilone, & il n'eut pas lieu de s'en repentir. Les Romains furent effraïés de voir les Peuples voisins du Danube (*o*) venir à eux avec cette arme redoutable qu'ils ne connoissoient pas, & dont un de leurs Savans ne pou-

(*n*) XENOPH. *Cyroped.* L. 3.

(*o*) HORATIUS. L. IV. Od. 4. *de laudibus Drusi.*

> Videre Rhœti bella sub Alpibus
> Drusum gerentem, & Vindelici, quibus
>   Mos unde deductus per omne
>   Tempus Amazonia securi
> Dextras obarmet, quærere distuli;
> Nec scire fas est omnia.

A v

voit découvrir l'origine. Il fallut toute la prudence & l'habileté de Drusus pour en garantir son Armée. Enfin nous trouvons attesté (*p*) que les Amazones, entierement livrées au génie & aux exercices militaires, se servoient de toutes les armes qui étoient connuës des Peuples les plus belliqueux, parce qu'elles avoient résolu de se défendre contre tous ceux qui les attaqueroient, ou peut-être de les attaquer tous.

On le voit par l'élegante description que le Prince des Poëtes latins nous a laissée (*q*) du combat de l'illustre Reine des Volsques, dont il fait une Amazone, & qu'il com-

(*p*) Diod. L. 2. p. 128. Nonnus *Dionysiac.* L. 19. Licitus *de Antiqu r. Lucernis.*

(*q*) Virgil. *Æneid.* L. XI. v. 648. *& seq.*

pare dans toutes ses maniéres à celles qui habitérent les rives du Thermodon. Camille cette célébre Amazone, armée de son carquois, & aïant la moitié du sein découvert pour mieux combattre, paroissoit pleine de valeur au milieu du carnage. Tantôt on la voïoit lancer une grêle de traits sur l'ennemi ; tantôt, la hache à la main, elle frapoit tout ce qui se trouvoit devant elle sans se lasser. On entendoit le bruit de son arc tout brillant d'or qui pendoit sur ses épaules, & qui ressembloit à celui de Diane. Si quelquefois elle étoit obligée de se battre en retraite, ou de tourner le dos à l'ennemi, elle lançoit ses fléches par derriére en fuïant & tournant son arc sur son épaule. Ses compagnes choisies, qui étoient autour d'elle combattoient avec la même adresse. On y remarquoit sur tout la jeune Larine, Tulla, & Tarpéia, qui n'étoient armées que d'une hache garnie d'airain; toutes filles d'Italie, dont Camille avoit fait choix pour lui faire honneur, & pour être auprès d'elle, soit à la guerre, soit pendant la paix. Telles paroissoient ces Amazones anciennes, lorsqu'elles marchoient en escadron sur les bords du Thermodon, ou qu'elles combattoient avec leurs armes peintes de différentes couleurs à côté d'Hippolyte & de Penthésilée, ou lorsque celle-ci revenoit sur son char triomphant, & qu'une troupe de ces Guerrieres armées de petits boucliers faits en forme de croissants lui aplaudissoit poussant les cris de la victoire.

Tout ce que fit Camille pour soutenir Turnus contre Enée & les Troyens, répondit à ces dehors. Animée par le bruit des instrumens de guerre qui donnérent le signal, elle vola la premiére aux ennemis. Eumenius, Lirie, Pagaze, Terée, Harpalis, Démophon & Chromis leurs Chefs les plus remarquables, expirérent sous sa lance, & il tomba autant de Phrygiens que sa main fit partir de traits. Ornyte vieux chasseur alla se presenter à elle avec des armes fort extraordinaires. Il étoit monté sur un cheval de la Poüille, ses épaules n'étoient couvertes que d'une peau de bœuf sans aprêt; il n'avoit pour casque que la tête d'un loup, qui ouvroit la gueule, où étoient encore attachées des dents très-blanches, & son dard étoit recourbé par le bout comme la houlette d'un Berger. Camille ne fut point émuë à l'aspect d'un objet aussi effraïant. » Téméraire Etrurien, lui dit-elle, » penses-tu aller à la chasse des bê- » tes sauvages, que ta vûë seule est » capable de mettre en fuite ? Le » jour est venu où tes paroles fié- » res & hautaines seront punies par » la main d'une fille. Tu pourras » néanmoins aprendre aux mânes de » tes parens que tu as eu la gloire de » leur être réüni par le fer de Ca- » mille «. Dans l'instant elle lance un trait qui le perce, & le fait tomber mort. Butés, Troyen d'une taille presque gigantesque le suivit de près. Orsiloque voulut poursuivre Camille, qui feignoit de prendre la fuite. Celle-ci plus habile fit un grand tour afin de tromper son adversaire; elle revint sur ses pas, se mit à poursuivre celui qui auparavant la poursuivoit; & s'élevant dessus son cheval pour fraper plus aisément, elle lui donna deux si grands coups de hache sur la tête pendant qu'il la conjuroit de lui sauver la vie, que sa cervelle en rejaillit sur le visage de l'Heroïne.

Le vaillant fils d'Aunus qui se trouva vis-à-vis d'elle, demeura dans la crainte & l'étonnement. Voïant qu'il ne pouvoit éviter d'en venir aux mains avec Camille, il eut recours à la ruse, & lui adressa ces paroles: » Est-il étonnant » de voir tant d'avantages lorsqu'on » est monté sur un cheval, avec lequel on peut tout oser ? Mais descendons sur l'arêne, pour rendre le » combat plus égal, & voïons si vous

« aurez la hardieſſe de vous battre
» à pied. « Camille indignée de cet
inſultant défi mit pié à terre, & ne
garda que ſon épée & ſon bouclier.
Le jeune homme qui ne cherchoit
qu'à s'échaper, croit que ſa ruſe lui
a réüſſi. Il prend l'eſſor & ſe ſauve
à toute bride. Outrée de la tromperie, Camille remonte ſur ſon cheval, s'élance comme un trait, arrête le Cavalier, & lave dans ſon
ſang l'inſulte & la fourberie qu'il lui
a faite.

Aruns entre en fureur voïant une
femme cauſer tant de déſordre par
elle même ou par ceux que ſon exemple encourageoit. Il oublie tout le
reſte des ennemis pour ne s'attacher
qu'à la Reine des Volſques ; il invoque les Dieux contr'elle, & ne demande d'autre récompenſe du zele

Part. II. p. 17.

Ch. Mathey Sculp.

qui l'anime pour sa patrie, que celle de la délivrer d'une ennemie si dangereuse. Il darde à l'instant son javelot contre Camille, il la frape au côté du sein qui étoit découvert, & court annoncer cette nouvelle aux Troyens sans en attendre l'effet, qui ne pouvoit manquer d'être promt. Tous les soins des compagnes de Camille ne purent arrêter le sang qui couloit de sa plaïe en abondance. Sentant aprocher sa fin, elle envoïa dire à Turnus de venir prendre sa place. Un moment après ses armes lui tombérent des mains, & elle expira (*r*) en recomman-

___

(*r*) On voit dans LICETUS, *de Antiquorum Lucernis*, la description d'une ancienne lampe de terre trouvée à Rome, dont l'Auteur ni ceux qui en ont parlé n'ont pas connu le sujet. Ils l'ont regardée comme l'ouvrage d'un Graveur ignorant, parce qu'ils y voïoient une Amazone avec

dant à ses amies de n'être sensibles à sa mort que pour en tirer vengeance.

la mammelle droite bien formée, & c'est eux-mêmes qui sont dans l'erreur. L'Ouvrier n'a pas prétendu tracer l'histoire d'une Amazone de Scythie ou du Thermodon, mais celle de la Reine des Volsques, à qui Virgile donne le courage, la force, l'armure & l'habillement de nos anciennes Guerrieres. Tout le sujet de cette lampe curieuse est manifestement tiré de l'onziéme Livre de l'Enéide. On voit une femme morte avec l'habit, la hache d'arme, le casque, le sabre & les fléches d'une Amazone, entre les bras d'une de ses compagnes, qui l'enleve du champ de bataille, & à côté un cheval qui paroît plein de feu. Il est évident que c'est Camille, qui avoit pris l'éducation & les mœurs des Amazones, à l'exception du retranchement de la mammelle droite, & qui expira en laissant tomber ses armes. Le bas relief est fait entierement sur les vers du Poëte. vers 803.

> Hasta sub exertam donec perlata papillam
> Hæsit, virgineumque altè bibit acta cruorem,
> Concurrunt trepidæ comites dominamque ruentem
> Suscipiunt . . . . .
> . . . Linquebat habenas

Nous n'avons raporté si au long l'Histoire militaire de cette espéce d'Amazone Italienne que pour faire connoître les armes & la maniére de combattre de celles de Scythie. C'est de celles-ci que le Poëte Latin a manifestement emprunté le caractére & les beautés du tableau de son Héroïne, qu'il habille & qu'il anime comme celles du Thermodon. On lui voit les fléches, la lance, la hache d'arme, l'épée & le bouclier particulier des Amazones.

Cette arme défensive étoit en effet d'une figure extraordinaire. On

 Ad terram non spontè fluens: tum frigida toto
Paulatim exolvit se corpore, lentaque colla,
Et captum leto posuit caput, arma relinquens,
Vitaque cum gemitu fugit indignata per umbras.

la nommoit Pelta, & il importe fort peu de savoir si elle avoit la même forme que les petits Boucliers des Romains apelés *Ancilia*. Un (ſ) Savant a fait beaucoup de recherches, de comparaisons & de conjectures, pour éclaircir ce point fort peu interessant, & pour concilier quelques mots des Historiens. Mais après s'être tourné en tout sens, il avouë qu'on ne peut les entendre ni les acorder, & qu'il faut nécessairement en venir aux Médailles. Toutes celles que les Curieux ont recüeillies sont uniformes dans la maniére de représenter le Bouclier des Amazones. Il n'étoit ni quarré, ni ovale comme ceux des autres Nations, qui couvroient souvent la

---

(ſ) PETIT. *Differt. de Amazonibus.* c. 25. & 26.

plus grande partie du corps. On peut juger par les proportions, qu'il avoit tout au plus un pié & demi de diamétre dans sa plus grande largeur, ce qui marquoit plus d'adresse dans les Amazones que dans les deux peuples les plus belliqueux, j'entens les Macédoniens & les Romains. Il avoit à peu près la forme du croissant (*t*) de la lune dans son cinq ou sixiéme jour, les deux pointes étoient en haut, souvent un peu recourbées en dedans; & au milieu de l'échancrure, il y avoit une petite élévation, soit pour lui donner de la force, soit pour rompre le coup du sabre qui y auroit porté, soit pour rendre l'anse plus sûre & plus commode,

(*t*) Q. SMYRNÆUS *Paralip.* L. I. v. 146. VIRGILE. *Æneid.* L. 11. v. 663. l'apelle *Lunata pella.*

Il n'en est pas de même de l'Instrument dont les Amazones se servoient pour donner le signal du combat. C'est le point de leur Histoire sur lequel on trouve moins de lumiéres. Un (*u*) Ecrivain du VII. siécle est le seul qui en parle, & il dit que leur Reine les avertissoit par le son du *Sistre* quand il falloit aller à l'ennemi. Mais toute la déférence qui est duë à ce savant Etymologiste Antiquaire ne persuadera pas qu'il ait rencontré juste sur

___
(*u*) Isidor. *Origin.* L. 2. c. 21. Sistrum ab Inventrice vocatum. Isis enim Ægyptiorum Regina id genus invenisse probatur. Unde & hoc mulieres percutiunt, quia inventrix hujus generis est mulier. Unde & apud Amazonas sistro ad bellum fœminarum exercitus vocabatur. Et L. 18. c. 4. Apud Amazonas autem non tuba, sicut à Pœnibus, sed à Regina sistro vocabatur fœminarum exercitus.

Les Anciens parlent souvent du sistre; mais tous se réünissent à ne le donner qu'aux Egyptiens. *Vide* Alexand. *ab Alexandro Genial. dierum.* L. 4. c. 2. *cum notis* Tiraquellii.

cette matiére. Le Siſtre étoit un inſ-
trument fort doux, qui ne s'entendoit pas de loin, & par conſéquent
peu propre à faire ébranler une armée, à émouvoir les paſſions vio-
lentes, le feu, l'ardeur, la colére
& cette eſpéce d'ivreſſe qui doit
tranſporter dans les combats. On ne
connoît que les Lacédémoniens qui
ſe ſerviſſent de fluttes en cette oca-
ſion. Encore la flutte avoit-elle plus
de force que les Siſtres, & qu'on pouvoit l'augmenter en les multipliant;
au lieu qu'il ne paroît pas poſſible
d'acorder pour la juſteſſe pluſieurs
Siſtres enſemble.

Il faut donc recourir de nouveau
aux monumens de l'Antiquité. Le
hazard a conſervé un morceau de
cuivre (x) qui a toutes les marques

(x) Je ne le trouve que dans PETIT *de Amaz.*
c. 27.

de la plus grande ancienneté, & qui faisoit partie d'un sujet plus considérable. Ce fragment représente un Bouclier des Amazones, où l'on voit une de ces Guerrieres dans une attitude de tristesse, qui a sur ses genoux une petite fille nuë, & derriére elle un Cornet & une Trompette. On soupçonne que c'est le reste de quelque Trophée, qui décrivoit une victoire remportée sur les Amazones. Quoiqu'il en soit de son origine, les deux Instrumens de guerre que l'on y aperçoit montrent qu'elles s'en servoient, comme les autres Nations, pour donner le signal du combat & de la retraite. Ce témoignage est confirmé par l'Epigrame (*y*) attribuée à l'Empereur Adrien sur le combat des Amazones.

(*y*) Ut belli sonuere tubæ, violenta peremit. Hippolyte, Theutranta..

CHAPITRE IV.

CHAPITRE IV.

Des guerres des Amazones.

RIEN n'étoit plus célèbre chez les anciens Peuples que les Guerres des Amazones, que la valeur avec laquelle elles avoient combattu, & les lauriers qu'elles avoient remportés sur les Héros mêmes. Les premiers Poëtes de la Gréce, qui par leurs chants transmettoient seuls à la posterité l'Histoire de leur siécle ou des âges précédens, avoient écrit les exploits & les belles actions de ces Héroïnes. C'est en partie par leur canal qu'on en eut la connoissance dans les tems postérieurs, qu'elle passa chez toutes les

Nations, & en particulier chez les Romains; où elle fit l'admiration des Empereurs & des Savans. Néron se préparant à porter la guerre dans les Gaules, crut devoir renforcer son armée d'une Compagnie (z) d'Amazones, à qui il donna des haches d'armes & de petits boucliers, & qu'il fit armer à la maniére de combattre des Amazones. Le peuple y étoit si rempli de belles idées & d'estime pour elles, qu'il ne savoit pas donner d'éloges plus flateurs au Prince qu'en le comparant à elles. Ainsi voulant louer l'Empereur Commode (a) dans les Jeux publics, il s'écrioit; ,, Vous ,, êtes le Maître absolu de l'Uni-

(z) SUETON. *in Nerone.* c. 46.

(a) XIPHILIN. *ex* DIONE. Collect. Scripter. Rom. p. 382.

» vers, le premier de tous les Sou-
» verains; par tout la fortune se
» plaît à montrer vos armes, vos
» victoires égalent celles des Ama-
» zones. « L'Histoire de chacune
nous les fera connoître.

ARTICLE PREMIER.

Premiere Guerre des Amazones.

L'Etablissement du Roïaume des Amazones souffrit des difficultés que d'autres auroient regardé comme insurmontables. Leur Trône ne put s'affermir qu'après la défaite des Peuples qui habitent les environs du Mont Caucase & les rives méridionales du Tanaïs; c'est-à-dire les Cimbriens ou Cimmeriens, les Sarmates, les Colches, les Laziens, les Ibériens & les Albaniens.

C'est le Païs que nous apellons aujourd'hui la Crimée, la Circassie, ou le commencement de la petite Tartarie. A ces noms de Barbares toutes les Nations policées frémissoient, ne connoissant pas de plus rude fléau que celui qu'elles avoient essuïé dans les incursions des Scythes, dont ils faisoient tous partie, & qui avoient un Cimetere pour leur Divinité principale. (*b*)

Les Cimbriens qui ocupoient le Bosphore de la Méotide, étoient venus (*c*) s'y établir du fond de la Germanie, & avoient tracé leur route par le fer & la flamme dans le païs qu'ils avoient traversé. Rarement ils s'ocupoient à cultiver la

(*b*) Lucian. *Dialog. Jovis Tragici.*

(*c*) Strabo. L. 7. p. 449. Voïez Plutarch. *in Mario.*

terre pour en reçueillir les fruits. Ils trouvoient plus doux (d) de vivre de rapines & de ce qu'ils enlevoient aux Etrangers. D'intelligence quelquefois avec les Ziges & les Henioques leurs voisins, ils formoient (e) de nombreuses Escadres, composées de petits bâtimens qu'ils nommoient *Camares*, avec lesquels ils couroient la mer Noire, enlevoient les vaisseaux chargés de vivres & de marchandises, désoloient les côtes maritimes, & poussoient leurs ravages jusques dans l'Ionie. Non contens des effets qu'ils pouvoient ravir, ils emmenoient

---

(d) POSSIDONIUS *apud eumd.* p. 450. & *seq.* HERODOT. L. 1. n. 6.

(e) STRABO. L. 11. p. 756. & 758. TACIT. *Hist.* L. 1. c. 47. DIONYS. PERIEG. v. 686. & *seq.* EUSTATH. *in hunc locum.*

aussi comme prisonniers ou captifs les particuliers qu'ils savoient être riches, pour en tirer de fortes rançons. Mais ces Pirates, violateurs du droit des gens avec les Etrangers, n'y étoient pas plus fidéles entr'eux-mêmes. Dès qu'ils étoient revenus de leurs courses, ils transportoient leurs Camares & le butin dans les Forêts voisines; ils se voloient pendant la nuit les uns les autres, & la proïe qu'ils se réjoüissoient d'avoir emportée devenoit le sujet de la vengeance & du carnage. Les broüillards presque continuels qui regnent aux environs du Bosphore Cimmerien ont fait donner le nom de *Mer Noire* au Pont-Euxin, & celui d'*Enfer* (*f*)

―――――――――――
(*f*) L'erreur vient d'un endroit de l'Odyssé,

au païs voisin où un Poëte (*g*) pour la même raison de ténébres & d'obscurité place le Palais du sommeil. (*h*)

Les Sarmates ou Sauromates

où l'on a confondu l'Italie avec le Bosphore Cimmérien. Voïez STRABON. L. 5. p. 374.

(*g*) OVID. *Metam.* L. 2. v. 592.

(*h*) HAITON. *Histoire Orient.* c. 10. parle ainsi de ce Païs obscur ou ténébreux. « On voit » dans le Roïaume de Géorgie une chose vrai- » ment digne de remarque, que je n'oserois pas « raporter, & que je n'aurois jamais pu croire, » si je ne l'avois pas vû par moi-même. Mais » parce que j'y ai été en personne, & que j'en » suis témoin, je ne ferai point difficulté de le » dire. C'est une certaine Province, qui peut » avoir trois journées de circuit, & qui est par- » tout si ténébreuse, qu'en aucun tems on n'y » peut rien apercevoir. Aussi personne n'ose y » entrer dans la crainte de n'en pouvoir sortir. » Les Habitans qui l'environnent assurent qu'ils » y entendent souvent des hurlemens d'hommes » & de bêtes sauvages, le chant des coqs & le » hennissement des chevaux ; & par le courant » d'un certain fleuve qui sort de cet endroit, on a » des preuves certaines qu'une Nation particu- » liere y habite. Il est vrai qu'on trouve dans les » Histoires de Georgia & d'Arménie qu'il y eut » autrefois un très-méchant Empereur des Perses

étoient véritablement (*i*) Scythes. Ils en menoient la vie errante, ils en avoient les mœurs, les coûtumes, la cruauté. Les Peuples de la Colchide & de la Lazique n'étoient ni moins guerriers, ni moins inhumains. La célébre expédition des Amazones, le Monstre qui gardoit la Toison d'or, les poisons & les enchantemens de Médée, ra-

„ nommé Savorée, qui ordonna à tous les Habi-
„ tans de l'Asie de venir adorer ses Idoles sous
„ peine de mort, ce qui procura le martyre à plu-
„ sieurs Chrétiens & en fit tomber d'autres dans
„ l'Apostasie. Alors, dit-on, s'éleverent d'épais-
„ ses ténébres sur cette contrée, à la faveur des-
„ quelles se sauverent ceux qui confessoient le
„ nom du Christ ; mais les Idolâtres & les Apos-
„ tats y demeurerent envelopés, & l'on croit
„ qu'ils y resteront jusqu'à la fin du monde „.
Voilà la fable du Voïageur Arménien & des Georgiens du treiziéme siécle, qui vient d'une autre beaucoup plus ancienne. Voïez la Martiniere aux mots *Cimmerii* & *Cimbres*.

(*i*) STRABO. L. 2. p. 753. & 774. TACIT. Annal. L. 6. c. 33. *& seq.*

pellent l'idée qu'on en avoit (*l*) lorsque les Provinces maritimes du Pont passoient pour inaccessibles aux Nations étrangéres. Enfin celles de l'Ibérie & de l'Albanie vivoient plus renfermées dans leurs montagnes ; mais elles étoient aussi belliqueuses que les premieres, & du tems de Pompée, elles se glorifioient (*m*) de n'avoir jamais subi le joug tributaire des Médes ni des Perses, ni des Macédoniens.

Au milieu de tous ces Peuples principaux étoit le Mont Caucase, qui sembloit leur communiquer son caractere & ses rigueurs. C'est une longue chaîne de montagnes im-

(*l*) HORAT. *Epod.* 12.
   Cales venenis officina
      Colchicis.

(*m*) PLUTARCH. *in Pomp.* APPIAN. *Mithrid.*

praticables, qui s'étendent (*n*) depuis le Pont Euxin jusqu'à la mer Caspienne, & forment une espéce de muraille naturelle, qui sépare le païs des Scythes & celui des Peuples civilisés. Il n'y avoit dans sa largeur qu'un seul défilé, que l'on nommoit *la Voie* ou *les Portes* (*o*) *Caucasiennes*; où la main des hommes avoit autant de part que la nature. C'étoit (*p*) un passage étroit, fermé par une porte énorme que les Ibériens avoient faite de plusieurs grosses poutres garnies de bandes

p. 244. TACIT. ANNAL. L. 6. c. 34. STRABO. L. II. p. 764. & *seq.*

(*n*) STRABO. L. II. p. 760.

(*o*) Quelques-uns les ont nommées *Caspiennes* à cause de la proximité de cette mer. Mais les vraies *Portes Caspiennes* étoient beaucoup plus bas.

(*p*) PLINE. L. 6. c. 11. Aristote dit des choses remarquables sur cette montagne. *Meteorol.* L. 1. c. 13.

de fer, pour empêcher les incursions des Scythes. Les Ibériens seuls pouvoient les ouvrir, & il n'y avoit point d'autre chemin pour venir du Nord. Des révolutions naturelles ou quelqu'autre cause ont rendu ce détroit infiniment plus difficile qu'il ne l'étoit alors. On lui donne trente-six lieuës de largeur dans les endroits où il est le plus court & le plus praticable, quoique perpetuellement couvert de neiges, suivant la rélation d'un (*q*) Moderne fidéle. Cependant la terre y est fertile en différentes productions nécessaires à la vie, & l'on y trouve des habitans en grand nombre, mais d'une grossiereté & malpropre-

---

(*q*) CHARDIN en parle pour l'avoir passé. Sa Relation mérite d'être luë to. 1. p. 90. & suiv. Joignez-y STRABON. L. II. p. 760. & suiv. qu'il paroît n'avoir pas bien entendu.

té dégoutante. Anciennement ils avoient (r) un Prince soumis à un Conseil de trois cens personnes, & ils pouvoient mettre en campagne deux cens mille combattans. On ne voit aujourd'hui (s) aucun vestige des richesses immenses qu'ils devoient tirer autrefois de ce (t) fleuve, qui rouloit de l'or dans son sable, qui le rendoit très-commun parmi eux, & les tenoit toûjours en garde contre l'aproche des Etrangers. Le bruit de leur opulence s'étendit jusques dans la Gréce, & fit naître (u) l'imagination de la Toison d'or.

(r) STRABO L. II. p. 763.

(s) Voïage du P. Ange Lamberti dans le Recueil de THEVENOT. p. 44.

(t) STRABO. L. II. p. 663. APPIAN. *in Mithrid.* p. 242.

(u) STRABO. *ibid. adde* APOLLONII & FLACCI *Argonautica.*

Mais leur férocité ne permettoit qu'à une Jeuneſſe brillante, courageuſe, & paſſionnée pour l'héroïſme d'en entreprendre la conquête.

Néanmoins quelque danger qu'il y eût d'entrer en guerre avec ces Peuples agreſtes & belliqueux dont nous venons de parler, qui étoient tous renfermés entre le Tanaïs, le Pont-Euxin, les environs du Caucaſe & la mer Caſpienne, les Amazones n'en furent point effraïées; c'eſt contr'eux qu'elles firent leurs premieres armes. Après le maſſacre de leurs maris, elles montrérent qu'elles avoient hérité de leur eſprit & de leur cœur. D'abord elles s'aſſurérent la poſſeſſion de la contrée qu'elles ocupoient, & l'heureux ſuccès de cette entrepriſe les encouragea à porter leurs vûës plus loin. Ce fut de jetter les fondemens d'une Monarchie qui établit la gloire de leur sexe, en faisant voir que des femmes étoient capables d'honorer le sceptre & la couronne par la maniere dont elles sauroient les porter. Marpesia & Lampeto (x) furent celles qu'on en jugea les plus dignes, & dès-lors on leur donna le titre de Reine. Elles choisirent celles que l'âge, la force & la bravoure rendoient propres à porter les armes. Le caractere, la vengeance, & l'émulation les eurent bien-tôt formées aux exercices militaires. Les exploits par lesquels elles s'annoncerent les rendirent formidables, & ces premiéres prospérités donnérent ocasion aux loix simples qui

―――――――――――――
(x) Justin. L. 2. c. 4. Jornandes. *de rebus Geticis.* c. 7.

soutinrent & firent briller l'Etat des Amazones. Renoncer pour jamais au mariage; n'avoir de commerce avec les hommes que pour se procurer des survivantes; n'élever aucun enfant mâle; ne garder que les filles qu'elles préparoient à la guerre dès l'enfance; vivre du fruit de leur arc; craindre par dessus tout la domination des hommes; enfin ne recevoir d'autres ordres que de celles que le choix ou la naissance auroient placées sur le Trône; ce furent les seules maximes par lesquelles les Amazones résolurent de se gouverner.

Tandis qu'une de leurs Reines demeuroit à la Cour pour veiller au dedans, l'autre étoit à la tête de l'armée, qui observoit la disposition & les mouvemens des Peuples voisins de la frontiere. Au bruit des plus légeres hostilités, elle en tiroit un prétexte de déclarer la guerre. Elle entroit dans le Païs ennemi, elle y jettoit l'effroi par ses ravages, elle renversoit tout ce qui se présentoit pour faire résistance, & profitant du droit de conquête, elle assujettissoit à sa puissance le païs & les Peuples qu'elle avoit vaincus. D'âge en âge la valeur & l'ambition augmenterent ces progrès. Les Amazones s'étendirent au loin, elles subjuguerent ces Nations qui faisoient la terreur de l'Asie Méridionale; elles les forcerent de les reconnoître pour leurs Souveraines, & de leur obéïr, quoique la plûpart eussent des Rois, redoutables à tout autre ennemi, mais qui devinrent vassaux des Amazones. Elles subjuguerent ainsi les environs du

Bosphore Cimmérien & une grande partie de la Sarmatie, d'où leur vint le nom de (*y*) *Sauromatides*; parce qu'elles avoient conquis ce Roïaume, dont les habitans, d'ailleurs guerriers formidables, étoient tombés sous la domination des femmes. C'est-là en effet qu'un des plus savans Ecrivains de l'Antiquité, s'il n'est pas le premier de tous, place le Roïaume des Amazones, qui s'étendoit même sur les hommes. *Primo Sauromatæ Gynæcocratumeni* (*z*).

Plus cet Empire étoit flateur, plus il excitoit l'émulation de celles qui l'avoient acquis. Transportées de

---

(*y*) HERODOT. L. 4. n. 110. DIONYS. PERIEG. v. 655. & *seq*. STEPHAN. BYZANT. *voce Amazones*, & *alii*.

(*z*) PLINE. *Hist. nat.* L. 6. c. 7. & d'après lui M. DE L'ILE, Carte de l'Asie. On connoît la critique & l'exactitude de ce savant Géographe. POMPON. MELA. L. 1. c. 20.

l'esprit de conquête; elles voulurent continuer la noble carriere qu'elles s'étoient ouverte. Le sort aïant décidé que Lampeto veilleroit à la tranquillité de l'Etat & contiendroit dans l'obéïssance les païs subjugués, Marpésia se mit à la tête des Guerrieres triomphantes, & tourna ses armes contre les (a) habitans du Caucase. La férocité de ces Peuples, les horreurs des rochers & des neiges qui les couvroient n'arrêterent point son ardeur. La Victoire qui avoit soutenu ses généreux efforts dans la Sarmatie, la seconda pareillement dans cette seconde expédition. Marpésia mit sous le joug des hommes qui ne l'avoient jamais connu, & qu'aucun des plus témé-

___
(a) Jornandes *de rebus Geticis.* c. 7.

raires Conquérans ne tenta de renouveller. Elle parcourut ces montagnes escarpées, & impraticables pour d'autres que ceux qui y étoient nés, elle y fit un séjour de quelque tems ; & pour en conserver la mémoire une partie du Caucase fut apellée (*b*) *le Mont Marpesien*. Là pour rendre graces aux Dieux des faveurs

(*b*) Nec magis incepto vultum sermone movetur
   Quàm si dura silex, aut stet Marpesia cautes.

VIRGIL. *Æneid*. L. 6. v. 470. *& seq.* Sur l'autorité de Servius, nos Commentateurs expliquent le mot de *Marpesia* par une prétendue montagne de Marpeson qu'ils jugent à propos de placer dans l'Ile de Paros ; mais dont aucun Géographe n'a eu connoissance. Servius ne l'a imaginée que parce qu'il ignoroit cette circonstance de l'Histoire des Amazones, rapportée par le savant JORNANDES. Virgile qui la savoit se sert de cette belle comparaison pour dire que la dureté du cœur de Didon aux enfers égaloit celle des rochers du Mont Caucase. C'est tout ce qu'il pouvoit dire de

inouies qu'ils lui acordoient, elle consacra (c) une Roche de grandeur énorme, que la vétusté, l'air & les broüillards avoient noircie, & elle y offrit un Sacrifice de reconnoissance au nom de sa Nation. Cet acte de religion devint commun aux Amazones. Tous les ans elles y alloient immoler non des bœufs ou d'autres animaux, mais un beau cheval qu'elles avoient nourri & engraissé avec soin, pour rendre la victime plus agréable. Dans la suite, lorsqu'elles eurent connoissance des Divinités de la Gréce, elles bâti-

---

plus noble & de plus fort. Il avoit déja dit dans le même sens : L. 4. v. 366.

    Duris genuit te cautibus horrens Caucasus, Hyrcanæque admorunt ubera Tigres.

(c) APOLLON. RHOD. *Argonaut.* L. 2. v. 1176. *& seq.*

rent au même endroit un Temple au Dieu de la gloire.

Les Peuples du Caucase vaincus, il étoit désormais facile aux Amazones de passer dans l'Iberie, dont elles avoient franchi les barrieres. Soit qu'elles se contentassent des honneurs de la victoire, soit qu'elles imposassent un tribut à ceux qu'elles avoient oprimés sous le poids de leurs armes, il est certain qu'elles coururent l'Iberie, la Colchide & l'Albanie, & qu'elles en triomphérent.

On ne peut douter que dans le cours de cette expédition elles ne se soient associé d'autres femmes, qui par caractere, par mécontentement de leurs maris, ou par d'autres motifs demandérent à être reçuës dans leur armée. Il paroît encore qu'elles prenoient des hommes pour leur servir de troupes auxiliaires & pour renforcer leur milice. La puissance qu'elles avoient acquises sur eux, l'espérance certaine de la victoire, l'apas du butin faisoient marcher les Scythes à la suite des Amazones, & ils obéissoient volontiers à des Guerrieres plus habiles qu'eux dans la sience des combats. Nous verrons qu'elles en menoient avec elles (*d*) quand elles passerent dans l'Attique.

Ce fut donc avec de tels renforts qu'elles se jetterent sur les Provinces de l'Asie Mineure le long du Pont-Euxin. Elles s'acquirent un domaine considérable (*e*) dans les

(*d*) Isocrat. *in Panathenaïco.*

(*e*) Orpheus. *Argonaut.* v. 736 *& seq.* Apollon. *Argonaut.* v. 989. *& seq.* Æschyles *in Prometh.* Apollodor. L. 2. Diodor. L. 2. Strabo. Plutarch. *& alii. passim.*

vastes & fertiles plaines qui sont arrosées par le Thermodon & l'Iris; elles s'y formérent un établissement qui fut la plus célébre & la plus durable de leurs habitations, & elles y bâtirent la grande Ville de Thémiscyre, où fut fixé le siége de leur Puissance. Le secours que cette conquête leur procura les mit à portée de pousser leurs exploits jusques sur les côtes de la mer Egée; & elles y devinrent fondatrices de plusieurs Cités mémorables, qui conservérent à la postérité le souvenir de leurs victoires. Soit indolence, soit terreur bien fondée, on ne voit pas que les Rois d'Assyrie successeurs de Ninias se soient oposés à des progrès aussi étendus que rapides. La mollesse dans laquelle ces Princes vivoient ne leur permettoit pas de se présenter en campagne devant des Guerrieres telles que les Amazones. Ils aimérent mieux abandonner une partie de leur Roïaume, que de sortir de leur Palais, le sein des délices & des plus honteuses voluptés.

Il n'étoit pas possible qu'un Empire qui comprenoit plus de cinq cens lieuës de païs fût gouverné par une seule Reine. Il fut divisé en trois (*f*) Roïaumes qui eurent chacun leurs Souveraines propres & indépendantes, quoique parfaitement unies & liguées ensemble pour se défendre mutuellement. L'une tenoit sa Cour dans la Sarmatie. L'autre à Thémiscyre, & la troisiéme aux environs d'Ephése. Ainsi elles

---

(*f*) APOLLON. RHOD. *Argonaut.* L. 1. v. 998. & seq.

pouvoient

pouvoient se secourir aisément contre les incursions de leurs ennemis communs.

ARTICLE II.

Seconde Guerre des Amazones.

IL y avoit près de (g) trois cens ans que leur puissance & leur réputation se soutenoient avec le même éclat, lorsqu'elles furent attaquées pour la premiere fois par un Peuple qui ne les connoissoit que sur le bruit de leur valeur. Eurystée Roi de Mycénes (h) cherchant à perdre Hercule son frere, dont la

(g) DIODORE L. 2. p. 129. dit *plusieurs siecles*; & l'ordre des tems n'en peut admettre moins de trois.

(h) APOLLODOR. *Biblioth.* L. 2. DIOD. L. 2 p. 229.

bravoure lui faisoit ombrage, l'exposa à différens périls, sous lesquels il se promettoit de le voir succomber. C'est ce qu'on nomma les douze Travaux de ce Demi-Dieu. Déja il s'étoit tiré de huit avec succès quand Eurystée lui ordonna d'aller enlever la Ceinture ou l'Echarpe flottante de la Reine des Amazones, pour la Princesse Admete sa fille. L'idée que l'on avoit des grands exploits & de la valeur martiale des Amazones fit sentir à Hercule la difficulté de cette entreprise. La ceinture de leur Reine lui étoit plus chére & plus précieuse que son Diadéme. Il falloit pour l'avoir, l'attaquer personnellement, s'attendre à une résistance vigoureuse & à combattre contre une Nation entiére, qui en avoit vaincu tant d'autres. Hercule n'obéit que par la confiance que lui avoit donné l'Oracle de Delphe, en le rassurant contre les desseins d'un frere jaloux, dont il sortiroit toûjours avec honneur.

Hercule choisit pour l'acompagner dans cette expédition tout ce que ses connoissances lui offroient de jeunes & de braves Guerriers. Thésée Roi d'Athénes (*i*) fut un de ceux qui se joignirent à lui. Un vent favorable conduisit heureusement à l'embouchure du Thermodon (*l*) les neuf galéres qui portoient les compagnons d'Hercule. Il remonta le fleuve jusqu'à Thémiscyre, où la Reine des Amazones tenoit sa Cour, & il lui envoïa dire

(*i*) PLUTARCH. *in Theseo ex Philochoro* Mais Pherecide Hellanicus & Herodore disoient qu'il avoit fait cette expédition sans Hercule. *Ib. dem.*
(*l*) JUSTIN. L. 2. c. 4. APOLLODOR. L. 2.

C ij

par un Herault qu'il venoit lui demander sa ceinture, de gré ou de force. Une proposition aussi insultante qu'extraordinaire jetta l'allarme dans la Ville. Antiope y étoit restée avec un très-petit nombre d'Amazones, & sa sœur Orithrie, qui partageoit avec elle les honneurs du Trône, veilloit à la sureté des frontieres à la tête de son armée. Quoiqu'en aparence Antiope n'eût pas assez de monde pour défendre la place ; elle en fit fermer les portes, & se prépara à repousser les ennemis qui venoient sans sujet l'attaquer & l'outrager. Hercule, campé avec sa troupe au pié des murailles (*m*) en commença le siége & le poussa sans relâche. Les Amazones soutinrent quelque tems

(*m*) Diodor. L. 4. p. 233. & *seq.*

ses assauts, mais enfin elles crurent qu'il étoit honteux pour elles de demeurer dans leur enceinte, & de se tenir toûjours sur la défensive. Elles sortirent en foule contre les Grecs, & leur livrérent un combat sanglant, où le courage & l'habileté militaire éclatérent de part & d'autre.

Hercule, qui se distinguoit par sa force & sa bravoure devint un objet de colére & d'émulation pour les plus illustres & les plus animées d'entre les Amazones. Aëlle, ainsi nommée pour sa légéreté étonnante, fut la premiere qui osa l'attaquer personnellement. Elle se fit admirer des Grecs par son adresse, ses ruses & ses mouvemens. Mais elle ne put éviter un coup violent de son adversaire, qui la terrassa sans espérance de vie. Philippis voulut venger sa mort, & cette amie eut bientôt la même destinée. Prothoë, pleine de fureur, courut à Hercule, & le frapa sept fois de son dard, sans pouvoir percer la peau de lion dont il étoit couvert. Elle succomba elle-même sous un seul coup de massuë qu'il lui porta. Eurybée, que plusieurs traits d'une valeur inouie avoient rendu célébre, se glorifioit de réparer elle seule l'honneur de sa Nation. Elle se présenta devant Hercule, elle combattit vivement ; mais le succès n'y répondit pas, & elle fut renversée comme les autres. Célénc, Eurybie, Phobée, se réunirent pour attaquer de l'arc cet Atléte invincible & infatigable. Il courut à elles en parant les traits ; il rendit leur ressource inutile; il triompha de chacune en particulier. Enfin Déjanire, Astérie, Marpée, Tecmesse & Alcipe éprouvérent le même sort que leurs compagnes, & celles qui restoient se virent forcées de rentrer dans la Ville. La Reine Antiope n'écoutant que son zele & son ardeur s'exposa comme toutes les autres, peut-être avec trop de témérité. Elle fut (*o*) enlevée dans la chaleur du combat avec ses deux sœurs Ménalippe, & Hippolyte qui combattoient à ses côtés. Après avoir hésité long-tems sur le parti qu'elle devoit prendre, elle estima qu'il étoit plus à propos de donner sa ceinture, que de deshonorer les Amazones dont on triom-

(*o*) Justin. L. 2. &. Diod. L. 4. p. 224.

pheroit en la personne de leur Reine captive. Hercule satisfait de la victoire qu'il avoit remportée, lui permit de retourner sur son trône, rendit en même-tems sa liberté à Ménalippe. Mais Thesée emmena Hippolyte, à qui l'on donna le nom d'Antiope sa sœur.

ARTICLE III.

Troisiéme Guerre des Amazones.

DEs hostilités aussi éclatantes devoient annoncer aux Grecs que les Amazones feroient leurs efforts pour en tirer vengeance. Aussi-tôt après la retraite d'Hercule, elles se rassemblérent de toutes parts; elles prirent à leur solde (*p*) un corps

_____
(*p*) Isocrates *in Panathen.* Diod. L. 4. p.

de Scythes auxiliaires ; elles n'oubliérent rien de ce qui pouvoit leur rendre la victoire que le petit nombre des combattantes à Thémiscyre, l'absence de leurs troupes & la surprise leur avoient fait perdre. Orithrie se mit en marche à la tête d'une armée qui ne respiroit que le sang & la flamme ; elle passa la mer, & se rendit dans l'Attique par la Thessalie, laissant par tout des vestiges de sa colére. Elle campa (*q*) dans l'ancienne ville d'Athénes, bâtie par Cecrops, entre le Musée & le Pnyx, lieu où le peuple

234. Justin. L. 2. c. 4. Pausanias. L. 1. c. 15.

(*q*) Plutarch. *in Theseo* d'après Philochore, Pherecide, Hellanicus, Herodore, & Clidemus qui avoient écrit cette Histoire dans un grand détail, preuve bien certaine de sa réalité.

tenoit ses assemblées, non loin de la Citadelle, & elle envoïa sommer Thesée de rendre Hippolyte qu'il avoit ravie.

Ce Prince averti de leurs aproches par l'allarme qu'elles avoient jettée sur leur route, rassembla autant de troupes qu'il lui fut possible, & se forma en ordre de bataille devant les murs de la Ville. Le feu & l'impatience que l'on voïoit dans les Amazones effraïérent ses Soldats. Lui-même en fut émû, & il offrit un sacrifice à la Peur, pour lui demander de ne pas ébranler les siens, & de ne fraper que les ennemis. Après plusieurs sorties ou legers combats qui durerent près d'un mois, les deux partis en vinrent à une action décisive. L'aile gauche des Amazones s'étendoit jusqu'à l'endroit qui fut nommé depuis *Amazonien*, & leur droite alloit jusqu'au Pnyx, le long de la Place dorée. L'aile droite des Athéniens fit la premiere décharge, & fut repoussée jusqu'au Temple des Euménides, la gauche donnant ensuite sur les Amazones les enfonça, les obligea à se réfugier dans leur camp, & en fit un grand carnage. Quelques Historiens avoient écrit qu'Hippolyte perdit la vie à cette bataille d'un coup de javelot dont elle fut percée par une autre Amazone, lorsqu'elle combattoit vaillamment auprès de Thésée ; & que pour rapeller le souvenir de sa bravoure, les Athéniens élevérent sur son tombeau (r) la

_____

(r) PAUSANIAS dit sur la tradition des Mégaréens qu'elle avoit son tombeau chez eux, où colonne que l'on voïoit encore du tems de Plutarque près le Temple de la Terre célefte, c'eft-à-dire la Lune. Mais il eft plus certain qu'elle fervit de médiatrice pour négocier le traité qui mit fin à cette guerre, après des pertes très-confidérables de patt & d'autre. Egalement attachée au Roi d'Athénes & aux Amazones, elle fit tranfporter fécretement à Chalcis de l'Ile d'Eubée celles qui étoient bleffées. Il en guérit une partie, & les autres furent enterrées dans le champ que les Chalcidiens nommoient *Amazonien*. L'endroit où la paix fut jurée s'apella depuis *Hermocofion* lieu du ferment. Il étoit vis-à-vis le Temple de Théfée, & tous les

---

elle mourut de douleur de ne pouvoir s'en retourner avec fes compagnes. L. 1. c. 41. p. 100.

ans on faisoit un sacrifice aux Amazones la veille des fêtes de ce Héros. Ceux de Mégare montroient aussi la sépulture de quelques-unes de ces illustres Guerrieres qui avoient perdu la vie chez eux. On dit encore qu'il en mourut plusieurs à Cherronée, ville de Béotie, & qu'on les enterra près d'une petite riviere, qu'on apella pour ce sujet Thermodon. Enfin on voïoit plusieurs de leurs tombeaux près de Scotuse & des rochers Cynoscephales en Thessalie, où quelques-unes furent tuées dans les hostilités qu'elles commirent en traversant cette Province pour aller à Athénes. Ces monumens seront pour tout esprit raisonnable des preuves sans replique de la réalité des Amazones & de leur Histoire.

On ne fait quel sujet de division qui s'étoit mis entr'elles & les Scythes qui les acompagnoient, engagea ceux-ci à se séparer avant la bataille. Touchés néanmoins du mauvais succès qu'elles y avoient eu, ils les reçurent (*f*) dans leur camp, & les protégerent pendant leur retraite. La honte qu'elles ressentoient d'avoir si mal réüssi dans cette expédition ne leur permit pas de reparoître à Thémiscyre ; elles passérent avec eux dans la Scythie Européenne au-dessus de la Thrace. Là elles formérent une nouvelle habitation, qui leur fit donner le nom de

---

(*f*) Diodor. L. 4. p. 244. Justin. L. 2 c. 4. ausquels il faut nécessairement raporter ce que dit Hérodote L. 4. n. 110. 117. sur le passage des Amazones en Scythie, qui ne peut être vrai dans aucune autre ocasion. On voit bien que celle qu'il donne est une fable dans toutes ses circonstances.

(t) *Thraciennes*. Mais cet établissement ne subsista pas. Les Amazones étant en trop petit nombre pour se soutenir selon les loix de leur état, elles entrérent insensiblement dans celui des femmes ordinaires.

ARTICLE IV.

Quatriéme Guerre des Amazones.

LA défaite de l'armée des Amazones sous les murs d'Athénes & la retraite en Scythie de celles qui avoient échapé au carnage ne détruisit point leur Nation. Plusieurs années après elles firent la guerre

---

(t) Virgil. *Æneid*. L. 11. v 858.
Dixit & aurata volucrem Threissa sagittam
Deprompsit pharetra.

(*u*) aux Phrygiens, qui implorérent le secours de Priam Roi de Troye. Mais ni les Poëtes, ni les Historiens ne nous en aprennent aucun détail; nous ne savons pas même pour quel parti se déclara la victoire. On dit seulement (*x*) que Myrine Reine des Amazones y perdit la vie.

Quelle qu'en ait été l'issuë, il est certain qu'elles se reconciliérent avec Priam, moins sans doute par la crainte de ses armes, que par la haine & le ressentiment qu'elles avoient contre les Grecs. Ils étoient alors devant Troye, ocupés au fameux siége que l'enlevement d'Hé-

---

(*u*) HOMER. *Iliad.* L. 3. v. 185-190. PHILOSTR. *Heroic.* n. 19.

(*x*) Vetus Scholiastes à Jos. SCALIG. *laudatus ad num.* 833. EUSEB.

lène avoit ocasionné, & où se trouvoit une multitude prodigieuse de peuples ligués de part & d'autre. L'esprit de vengeance & l'envie de se signaler y conduisit (y) Penthésilée, Reine des Amazones du Thermodon, la plus forte, la plus courageuse, & la plus illustre qu'elles aïent jamais euë. Une espéce de désespoir la rendoit encore plus formidable depuis qu'elle avoit eu le malheur de tuer sa sœur Hippolyte à la chasse, d'un trait qu'elle lançoit contre une Biche. Elle en étoit devenuë furieuse.

Le fer d'Achille venoit d'enlever

___

(y). DRELINCOUR a prouvé la vérité de cette Histoire par un grand nombre de témoignages qu'il a recueillis avec soin *in Achille Homerico*. 18. Tout ce que nous en dirons est tiré de Q. SMYRNÆUS ou Calaber dans le premier des quatorze Poëmes qu'il a faits pour continuer Homere, dont l'Iliade finit à la mort d'Hector.

le généreux Hector quand elle arriva, & l'infortuné Priam célébroit avec les Troyens, plongés comme lui dans l'amertume & les gémissemens, les funérailles d'un fils qui faisoit toute l'espérance de la Nation. Penthésilée n'avoit avec soi que douze Amazones, qui ne respiroient que passion pour la gloire & qu'animosité contre les Grecs. Les Troyens ne cessoient de les admirer que quand ils tournoient leurs regards vers la Reine qui effaçoit les unes & les autres à tous égards. L'air noble & martial avec lequel elle se présentoit mettoit dans tout leur éclat les dons qu'elle avoit reçus de la nature. La noirceur de ses cheveux & de ses sourcils relevoit la blancheur du tein. L'esprit & la vivacité étinceloient dans ses yeux. Ses graces en moderoient le feu. Sa modestie & sa retenuë imprimoient du respect. Son affabilité & un sourire gracieux la rendoient aimable. Penthésilée savoit unir la douceur de son sexe avec les dehors & les vertus d'un Guerrier.

Priam déja prévenu par un extérieur qui annonçoit le cœur & les sentimens d'un Héros, crut avoir trouvé dans la Reine tout ce qu'il avoit perdu dans Hector. Il la pria d'accepter le Palais pour son logement & pour celui de ses compagnes ; il la combla de présens, & promit que sa reconnoissance n'auroit point de bornes si par le secours de son bras il pouvoit triompher de ses ennemis, & sur tout de celui qui avoit donné la mort à au jeune Prince en qui la Patrie mettoit sa principale espérance. Penthésilée l'assura qu'elle commenceroit par cet adversaire, & qu'elle ne quitteroit les armes qu'après la mort du dernier des Grecs. Andromachie, veuve d'Hector, lui dit qu'elle ne connoissoit pas le Guerrier redoutable dont elle se promettoit une victoire facile. Elle lui remontra qu'il étoit téméraire à une femme de vouloir attaquer le vainqueur du Héros des Troyens. Mais Penthésilée ne l'écouta pas.

Le jour étant venu auquel elle devoit combattre, elle prit son armure dès l'Aurore. C'étoient des Brodequins de pourpre relevés d'une broderie d'or; sa Cuirasse couverte d'une étoffe précieuse de différentes couleurs; un Casque brillant, garni de son aigrette ; le Baudrier d'où pendoit un Sabre fort large ; l'Arc avec un Carquois rempli de fléches; de sa main droite elle tenoit une Hache à deux tranchans, & dans la gauche étoient deux lances & son Bouclier. Au moment que les Troyens la virent sous cette Armure dont elle rehaussoit le prix par une contenance majestueuse, ils sentirent renaître en eux toute l'ardeur qui y avoit paru éteinte pour jamais depuis la perte du jeune Prince. Le courage qui l'animoit passa dans le cœur de ceux qui n'osoient plus sortir de leur enceinte. Ils reprirent les armes avec confiance, & la suivirent en foule hors les portes de la Ville.

Tandis qu'elle s'avançoit à leur tête vers le camp des ennemis, le vieillard Priam, à qui les années refusoient la force de l'acompagner, alla offrir un sacrifice au pere des Dieux, pour le suplier de soutenir la fille de Mars, & de la ramener triomphante. Il rapella dans sa priere cette chaîne de fatalités qui lioit ses jours les uns aux autres; & il demanda qu'ils fussent terminés avec le sacrifice, plûtôt que d'aprendre un mauvais sort de Penthésilée & des Troyens, auquel il ne pourroit pas survivre.

Dès qu'ils parurent sur une colline, qui séparoit la Ville de la flotte ennemie, les Grecs étonnés ne savoient s'ils en devoient croire le témoignage de leurs yeux. La surprise redoubla quand ils commencérent à découvrir un nouveau Chef, dont la fierté se communiquoit à toute la troupe. Ils alierent à la rencontre, & l'on en vint aux armes sans prendre le tems de se former en corps de bataille. Penthésilée aïant fendu l'air d'une fléche légére pour donner le signal aux Troyens, tomba la premiere sur la tête des ennemis, & renversa, la hache à la main huit de leurs principaux Capitaines. Ses compagnes combattoient à côté d'elle aussi courageusement, mais avec moins de succès. L'affreux carnage qu'elles faisoient attira sur elles un gros d'Officiers distingués, sous lequel il en périt quelques-unes.

Leur chûte met la Reine en fureur. Semblable à une Lionne à qui les Chasseurs ont enlevé ses petits, elle cherche de toutes parts ceux qui se glorifioient d'avoir terrassé des Amazones. Elle se jette au travres des Escadrons, elle frape tout ce qui se rencontre autour d'elle; la mort vole à ses côtés; la terreur se répand au loin; les plus braves en sont saisis & prennent la fuite; elle les poursuit avec ardeur; elle leur reproche hautement leur lâcheté. Les Troyens qui la suivent répétent ses cris insultans; ils triomphent de sa propre gloire; ils font passer leurs chevaux sur les morts dont la trace est couverte; ils annoncent aux fuïards qu'enfin le jour des vengeances est arrivé; que dans un instant on va mettre le feu à leurs vaisseaux; que la main d'une femme renversera les trophées des Grecs, & les plus forts de la Nation.

Achille & Ajax offroient alors une victime aux mânes de Patrocle

cle près de son tombeau. Les cris qui venoient du champ de bataille interrompirent le sacrifice. Ils coururent à leurs armes, & allèrent prendre connoissance de ce qui se passoit. Le premier aspect du désordre, de l'humiliation & du carnage les transporta. Ajax se jetta avec impétuosité sur les Troyens, il versa le sang des plus fiers ; il tua même quelques Amazones, ne s'attachant qu'aux principales têtes des ennemis ; dans un moment il fit passer la consternation où l'on avoit déja entendu les chants de la victoire.

Penthésilée s'aperçoit de ce changement, & cherche quelle en peut être la cause. L'ardeur avec laquelle Ajax & Achille combattoient lui fait connoître qu'eux seuls sont la cause de cette révolution. Elle se

tourne contr'eux, lance un de ses javelots, qu'Achille pare de son bouclier, & qu'il fait voler en éclats par la force de cette arme défensive, que l'on disoit être l'ouvrage de Vulcain même. Elle se persuade qu'Ajax n'est pas si bien couvert; elle fait partir sur lui le second de ses dards, & il tombe sans effet aux piés du Capitaine Grec. Outrée de voir ses armes fraper en vain Pour la premiere fois, & les deux Officiers demeurer immobiles apuïés sur leur lance, elle leur adresse ces paroles fiéres & menaçantes en leur montrant sa hache d'armes. " In-
" justes agresseurs, l'épaisseur des ar-
" mes qui couvrent votre foiblesse
" a rendu inutiles les deux traits
" dont je devois vous percer; mais
" vous n'éviterez pas la ressource qui

» me reste dans la main. C'est elle
» qui doit trancher le fil de vos
» jours, & ruiner pour jamais la for-
» ce prétendue de votre Nation. Il
» sera consolant pour les Troyens
» de voir fraper le coup de mort à
» leurs plus cruels ennemis, & il
» sera glorieux pour moi d'avoir
» servi leur juste vengeance. Avan-
» cez, & vous connoîtrez par vous-
» même la valeur des Amazones, &
» en particulier de la fille de Mars.
» Ce n'est pas des hommes que vient
» le sang qui coule dans mes veines:
» c'est du Dieu des combats. Il m'ins-
» pire, il m'anime, il me protége;
» c'est en son nom que je vous
» adresse le défi.

» Princesse vaine & téméraire,
» lui répondit Achille, vos discours
» pompeux & insultans ne nous in-

D ij

« timident pas. Vous vous préten-
» dez invincible, parceque vous
» descendez de Mars; eh, que se-
» ront donc les Grecs qui ont Ju-
» piter pour pere, dont le vôtre
» reçoit la loi ? Je ne reléverai point
» ici mes exploits personnels, il me
» suffit de vous dire que le vaillant
» Hector, l'apui des Troyens, est
» tombé sous ma lance, & qu'il
» sembloit pressentir sa destinée par
» l'attention qu'il avoit d'éviter ma
» présence. Qui de sa Nation osera
» se comparer à lui? Les Troyens
» eux-mêmes auroient honte de di-
» re qu'il ne vous surpassoit pas à
» tous égards. Attendez-vous donc
» à subir le même sort, les enfans
» de Jupiter sont plus forts que ceux
» de Mars ".

En finissant ces paroles, Achille

plein de feu lance un dard de toute sa force sur Penthésilée, & lui perce le côté droit du sein que sa cuirasse laissoit à découvert. Le sang en réjaillit avec abondance ; tout son corps s'affoiblit, ses yeux ne distinguent plus les objets, son ame tombe dans la langueur, son regard néanmoins demeure fixé sur Achille ; & l'on voit dans le peu de sentiment qui lui reste, qu'elle hésite si elle fera un effort de vengeance, ou si elle le reconnoîtra pour son vainqueur. Celui-ci n'attend pas qu'elle se décide : Il acourt, & d'un second trait, il perce le cou du cheval de Penthésilée & l'Amazone même. A l'instant la Reine tombe, & elle expire, la face colée contre terre.

La colere & l'indignation qui

transportent Achille le font d'abord triompher de sa victoire. Il va sur Penthésilée, il arrache le trait qui lui avoit donné la mort, il lui rapelle la fierté de ses paroles présomptueuses, les menaces qu'elle avoit faites aux Grecs & à lui personnellement ; il lui demande si c'est ainsi qu'elle devoit rendre vainqueurs Priam & les Troyens, qui déja se sauvoient en foule dans l'enceinte de leurs murailles.

Mais un moment après, ces sentimens inhumains disparoissent pour faire place aux regrets & à la douleur. En même tems qu'il lui ôte ses armes pour se faire un trophée de ces riches & précieuses dépoüilles, il admire la force & la beauté de ses membres. La nature seule lui paroît éteinte dans son visage;

il y voit encore respirer le feu, le courage, l'intrépidité, la colére, toutes les passions de la plus grande ame. Il en est frapé, & il entre contre lui-même dans une espéce de couroux & de désespoir d'avoir donné la mort à une Princesse qui étoit si digne de vivre.

Thersite s'aperçoit de ce changement causé par la compassion. Il ose blâmer Achille, & lui faire un crime de s'atendrir sur le sort d'une femme qui avoit eu la hardiesse d'insulter les Grecs, & qui même avoit tué dans sa fureur plusieurs de leurs illustres Capitaines. Outré des reproches de ce lâche censeur, qui étoit le ministre & l'organe de la discorde dans l'armée, Achille ne daigna pas emploïer ses armes pour le punir. Il le frapa au visage si rudement, qu'il le renversa mort à ses piés.

Ceux qui avoient l'ame mieux placée furent touchés comme Achille du sort de Penthésilée & la rendirent avec ses armes à Priam dès qu'il la redemanda. Le Prince lui fit dresser un bucher devant les murailles de la Ville, sur lequel furent consumés son corps, son armure, son cheval, & de grandes richesses qu'il y jetta pour lui faire honneur. Le Peuple, qui par reconnoissance s'étoit chargé de ses obséques, éteignit la flamme par l'abondance du vin qu'il y répandit en forme de libations; il recüeillit précieusement les cendres de la Reine, il les mêla avec des parfums; il les mit dans un tombeau magnifique, bâti à côté de celui du Roi Laomédon, & aussitôt après il lui offrit la graisse d'une vache en sacrifice. Près d'elle furent inhumées les Amazones qui avoient donné leur vie en combattant pour les Troyens, & on leur dressa un Mausolée commun.

ARTICLE V.

Cinquiéme Guerre des Amazones.

LA mort de Penthésilée demeura profondément gravée dans le cœur des Amazones. Elles regrétérent amérement une Princesse qui méritoit plus que toute autre de regner sur la Nation. Achille fut désormais pour elles un objet d'horreur & de vengeance ; & l'animosité éclatta long-tems après sur sa mémoire, n'aïant pû le faire dans le tems contre sa personne. La grande réputation que ce Héros s'étoit aquise lui avoit fait consacrer une Ile considérable, que l'on nomma *Penée*, ou *Achillea*. Elle étoit située sur (z) le bord du Pont Euxin, & formée par deux bras du Danube à son embouchure ; d'autres (a) la mettent en pleine mer, du côté du Borysténe. On en disoit des choses merveilleuses à l'ocasion du séjour qu'Achille y avoit fait dans le cours d'une navigation. La crédulité des Anciens avoit établi comme faits publics & constans, que (b) Thétis ou Neptune lui donné-

---

(z) STRABO. L. 7. p. 468. MELA. L. 2. c. 7. PLIN. L. 3. c. 12. DE L'ILE, & alii.

(a) PHILOST. Heroïc. in Achille. c. 16.

(b) DIONYS. PERIEG. v. 541. & seq. ARRIAN.

rent cette Ile, quand il y eût célébré les Jeux de course avec ses compagnons ; Qu'il y habitoit même après sa mort avec son épouse (c) Héléne ou (d) Iphigénie, que Diane y avoit transportée ; Qu'il y étoit (e) acompagné des Héros Grecs qui avoient combattu avec lui devant Troye, tels que les deux Ajax, Patrocle son ami, Antilochus & plusieurs autres, seuls habitans de cette Ile ; Que les Etrangers qui y abordoient (f) ne pouvoient faire voile le jour même ;

Periplo Ponti Euxini. PHILOSTR. Heroïc. *in Achil.* c. 16.

(c) AMMIAN. MARCELL. L. 22. c. 8.

(d) PTOLOM. HEPHÆSTION. *apud Photium.*

(e) PAUSAN. L. 3. c. 19. p. 259.

(f) PHILOSTR. Heroïc. *in Achil.* c. 16. MAXIM. TYRIUS Orat. 27.

mais qu'ils étoient obligés de passer la nuit dans leurs vaisseaux, où Achille & Héléne les venoient voir, buvoient avec eux, & chantoient non seulement leurs amours, mais aussi les vers d'Homére ; Que les Héros Grecs y aparoissoient en même tems aux voïageurs ; Que certains oiseaux de mer (*g*) venoient tous les matins arroser l'Ile & le Temple, & les balaïer par le mouvement de leurs aîles; Que ce Temple étoit dédié à Achille, & que quand il agréoit la victime qu'on vouloit lui offrir, elle se présentoit d'elle-même au pié de l'Autel, & ne s'enfuïoit plus ; Qu'il y avoit un Oracle (*h*) célèbre, que l'on alloit

(*g*) Idem & ARRIAN. *in Periplo Ponti.*

(*h*) PAUSAN. L. 3. c. 19. *collatus cum* TERTULL. L *de Anima.* c. 46. & LEONE ALLATIO *de patria Homeri* p. 145.

consulter de fort loin, & où l'on trouvoit la guérison de ses maladies, comme il arriva à Léonime Crotoniate : Que ceux qui passoient près de ce rivage entendoient une musique mêlée d'horreurs, un bruit de chevaux, un cliquetis d'armes, & des cris de guerre. Enfin c'étoit le siége de la gloire d'Achille & le lieu de son Apothéose.

Plus les choses que l'on en disoit étoient surprenantes, plus elles excitoient la jalousie & la colére des Amazones. Le hazard leur présenta une ocasion de faire éclater les sentimens qu'elles avoient dans le cœur. Des Marchands (i) de quelque Ville maritime du Pont-Euxin aïant été jettés par une Tempête à

___

(i). PHILOSTRAT. *Heroïc. in Achille.* c. 20.

l'embouchure du Thermodon lorsqu'ils alloient du côté de l'Hellespont pour leur commerce, furent arrêtés par les Amazones. Elles se saisirent de leurs personnes, & résolurent de les envoïer vendre en Scythie comme esclaves. Mais un jeune homme de l'équipage obtint grace pour eux par la sœur de la Reine, dont il avoit gagné l'amitié. Pendant leur détention à Thémiscyre, ils parlerent de l'Ile de Penée, dont ils avoient souvent rangé les côtes; ils raconterent tout ce que l'on en disoit, & ils firent un grand récit des trésors immenses que la renommée assûroit être dans le Temple d'Achille.

L'usage ordinaire des Amazones n'étoit pas de faire des courses pour s'enrichir, encore moins d'exercer des pirateries, n'aïant aucune experience sur mer. La haine qu'elles conservoient contre Achille les fit sortir de leur tranquillité à cet égard. Elles obligérent les matelots qui conduisoient la flote marchande à leur bâtir cinquante galéres, propres à embarquer de la Cavalerie, pour aller déclarer la guerre à Achille, que les Dieux soutenoient dans toute la fleur de l'âge, même depuis sa mort; car son tombeau étoit existant. A mesure que l'on fabriquoit les Navires elles aprenoient à manier la rame, dont elles ne s'étoient jamais servies pour des voïages de long cours, & aussitôt que leurs préparatifs furent finis elles s'embarquerent en grand nombre avec les Marchands qui leur avoient donné l'avis. Elles leur commanderent en entrant dans l'Ile d'abattre (*l*) le bois qui environnoit le Temple d'Achille. Mais à peine eurent-ils commencé à executer cet ordre, continuë Philostrate, que le fer de leurs coignées se détacha, les frapa à la tête, & les renversa morts sur la place. Plus outrées que surprises de cet évenement, les Amazones coururent au Temple avec fureur. Mais lorsqu'elles aprocherent de la Statuë du Héros qui étoit à l'entrée, on ne sait quel objet effraïant frapa leurs che-

___

(*l*) C'étoit le comble de l'impiété chez les Anciens de violer les Temples, les Asiles & les Bois sacrés, & l'on supposoit toûjours quelque châtiment des Dieux contre ceux qui se portoient à cet excès. L'Histoire ancienne est remplie de ces exemples. Je crois bien qu'il faut rabattre beaucoup du récit de Philostrate; mais je pense aussi qu'il y eut quelqu'évenement malheureux pour les Amazones qui les punit de leur entreprise, & qui donna ocasion à ce qui est raporté.

vaux, de telle maniere qu'aïant pris l'épouvante ils se cabrérent horriblement, renverserent celles qui les montoient, les foulerent aux piés, & les mirent en piéces à belles dents, comme s'ils eussent été des lions furieux. Après cet affreux desordre, ils s'échaperent dans l'Ile, ils briserent les plans & les bosquets ; ils la ravagerent toute éntiere, & allerent enfin se précipiter dans la mer. Une violente tempête s'éleva en même tems sur les vaisseaux des Amazones. Elle en brisa une partie, elle en coula une autre à fonds, & il n'en resta qu'un petit nombre fort blessés, qui servirent à porter sur le Thermodon la nouvelle du mauvais succès de cette fatale entreprise.

Nous n'adopterons pas ici ce qui

est raporté dans le troisiéme Livre de Diodore de Sicile sur les Amazones d'Afrique. Il suffit d'en donner l'extrait pour en faire connoître la fausseté. L'Auteur de cet Ouvrage conte (*m*) qu'elles habitoient d'abord les Iles Hesperides ou Fortunées, aujourd'hui les Canaries. Qu'aïant résolu de se signaler, elles s'en rendirent maîtresses, excepté la Ville sacrée de Ména, habitée par les Ethiopiens Icthyophages, & célébre par les feux qui y exhalent du sein de la terre, & par les pierres précieuses que l'on y trouve, telles que les Sardoïques, les Rubis & les Escarboucles ; Qu'après avoir subjugué les Afriquains & les Numides, elles bâtirent une Ville près

―――――――――――

(*m*) Diod. L. 3. p. 185. *& seq.*

le lac de Triton ; Que Myrine leur Reine à la tête de trois mille Amazones à pié & deux mille à cheval, les unes & les autres couvertes de peaux de serpens, défit les Nations Atlantiques, les Gorgones & les Arabes ; Que pour avoir la permission de traverser l'Egypte, elle fit alliance avec le Roi Horus fils d'Isis, d'où elle passa dans la Syrie, la Cilicie, & dans l'Asie Mineure, qu'elle parcourut en Héroïne, toûjours précédées de la victoire ; Qu'elle se fixa sur les bords du fleuve Caicus, où elle bâtit une Ville qui porta son nom, de même que les plus illustres de ses compagnes devinrent fondatrices de plusieurs autres Cités mémorables ; Que de-là elle poussa ses conquêtes jusques dans les Iles d'Ionie ; Qu'aïant été jettée par une tempête sur les côtes de Samo-Thrace, elle fut attaquée & vaincuë par Mopsus & Sipyle chassés de la Cour de Lycurgue Roi du Païs. Enfin qu'elle retourna en Afrique avec le petit nombre d'Amazones qui lui restoient, & qu'Hercule acheva de les détruire.

Il est vrai que l'Auteur de ce récit distingue expressément les Amazones d'Afrique de celles du Thermodon. Mais il donne aux unes & aux autres les mêmes mœurs, & le même caractére, quoiqu'elles n'eussent rien de commun, ni pour l'origine ni pour la patrie, & qu'il y eût entr'elles la troisiéme partie du monde. Les plus heureux effets du hazard ne peuvent produire une telle uniformité. D'ailleurs les tems &

les circonstances détruisent tout le fonds de cette prétenduë expedition, & même toute l'Histoire des Amazones d'Afrique. Cette fausseté manifeste, jointe à beaucoup d'autres, ne seroit-elle pas une preuve de la suposition des cinq premiers Livres (*n*) atribués à Diodore de Sicile, Auteur grave, exact, soutenu, & qui n'avance rien que de conforme à tous les autres Ecrivains, comme on le voit depuis le dixiéme Livre de sa Bibliothéque ? Il y a toute aparence que quelque faux ou demi Savant du XIV. ou XV. siécle a voulu rétablir ce que le malheur des tems nous a enlevé des neuf premiers Livres de cet Historien, &

(*n*) Louis Vives dit que rien n'est plus mal dirigé que ces cinq Livres. *De tradendis Discipl.* L. v. Vossius les justifie, mais légerement. *ut Hist. Græcis.* L. II. c. 2.

que pour donner de l'autorité à un très mauvis ouvrage, commencé & demeuré imparfait il l'a fait passer sous le nom de Diodore. L'ignorance qui régnoit il y a deux ou trois cens ans l'aura adopté sans aucun examen ni du stile ni du caractére. Mais bien loin que cette fiction des Amazones d'Afrique détruise la réalité de celles qui sont passées de la Sarmatie dans l'Asie Mineure, elle l'établit au contraire en montrant qu'elle n'est attaquée que par des Ecrivains ignorans & suposés. Cependant il faut reconnoître qu'il y a dans (*o*) cet ouvrage des traits incontestables & confomes à toute l'Antiquité sur l'Histoire que nous traitons.

(*o*) L. 2. p. 128. & *seq.* L. 4 p. 234.

CHAPITRE V.

Monumens des Amazones dans les différens païs qu'elles ont habitées.

Quand on suposeroit que les Poëtes de la Gréce ont embelli les combats des Amazones par les fleurs & la licence de l'art, on ne pourroit se dispenser de reconnoître un fonds d'Histoire & de réalité qui faisoit la matiére & le sujet de leurs chants. Il ne faut pas confondre, dit un (*p*) Ancien judicieux, la Fable avec un récit que l'on pourroit nommer fabuleux. La premiere doit être regardée comme

---

(*p*) MACROB *in Somn. Scipionis* c. 2. Cet endroit mérite d'être lû, pour les regles que l'Auteur y donne sur cette matiere.

un amusement de l'esprit, imaginé pour inspirer adroitement au cœur des leçons, des préceptes & des sentimens de morale. L'autre est un trait d'Histoire quelquefois fort simple, mais orné d'épisodes & de circonstances, que celui qui raconte peut ajoûter pour embellir un sujet qui le merite, & qui n'en détruit point la verité quoique la fausseté en soit évidente & sensible. Un esprit raisonnable ne prendra pas le discours entier pour une pure fiction; il saura distinguer ce qui est réel de ce qui ne l'est pas. C'est tout ce que l'on peut conclure de la maniere dont les Poëtes racontent les combats des Amazones.

Mais les monumens établis par ces illustres Guerrieres, & qui ont subsisté plusieurs siécles après elles lévent tous les

les doutes que l'on pourroit former sur la certitude de leur Histoire & de leurs conquêtes. Ce sont de grandes Villes, bâties par leurs mains ou par leurs ordres; c'est le plus fameux Temple de l'Asie & peut-être de l'Antiquité; ce sont des lieux illustrés par leurs séjours ou par leurs victoires, & qui en ont conservé le nom, même dans les païs ennemis.

ARTICLE I.

La Ville & la Contrée de Thémiscyre.

LEs Amazones, plûtôt portées sur les aîles de la Victoire que conduites par d'heureux Auspices, ne firent que traverser rapidement la Sarmatie, le Mont-Caucase, l'Ibérie, la Colchide & le païs des Calybes. La beauté des campagnes de la Cappadoce les invita à y prendre quelque relâche après en avoir fait la conquête. D'un côté (*q*) ce sont de vastes pleines dont la vuë se perd dans le Pont-Euxin, & qui sont arrosées par le Thermodon & l'Iris. De l'autre ce sont des montagnes agréables, où ces deux fleuves prennent leur source, avec un grand nombre d'autres moins considérables, qui les grossissent & les rendent enfin navigables. L'un & l'autre donnent à la Province les commodités du commerce & les avantages de la fertilité. Par une es-

---

(*q*) Cette description est de STRABON. L. 12. p. 823. On doit l'en croire puisqu'il étoit d'Amise Ville de cette Province.

péce de privilége inconnu aux autres contrées maritimes du Pont-Euxin, la campagne y est toûjours verte, & offre toute l'année d'excellens pâturages, qui enrichissent le païs par les troupeaux, les bœufs & les chevaux qu'on y nourit. La terre y produit du panis & du millet en si grande abondance, que jamais le peuple n'a senti le cruel fléau de la famine ni de la disette ausquelles tous les autres sont exposés. Le sommet des montagnes est couvert de belles forêts, & leur pente garnie de vignes, de poiriers, de pommiers & d'arbres à noïaux, qui viennent naturellement sans être cultivés. Il n'est point de saison où ils ne présentent quelque espéce de fruits. Les uns y sont dans leur maturité, quand les autres n'ont encore que des fleurs qui réjoüiſſent la vûë, & qui doivent remplacer les premiers. Enfin le païs eſt bon pour toutes ſortes de chaſſes.

Nul de tous ceux que les Amazones avoient parcouru ne leur avoit offert tant d'avantages. Elles s'arrêterent à Thémiſcyre, ſituée ſur (r) le Thermodon à ſoixante ſtades d'Amiſe. C'étoit une Ville fort ancienne, que l'on peut croire avoir été bâtie en l'honneur de Thémis (ſ), que ſa franchiſe & ſon

---

(r) STRABON dit ſur l'Iris, & en cela il eſt contredit par HERODOTE, APOLLONIUS de Rhodes, MELA, ARRIEN, JUSTIN, DENYS, PERIEGETE, VIRGILE, PROPERCE, VALER. FLACCUS & autres. Ce doit être une faute du texte.

(ſ) DIOD. l. 5. p. 335. PEZRON, Antiquité des Celtes, p 46. Voïez ce que nous avons dit. HISTOIRE DES EMPIRES & DES REPUBLIQUES dans l'Origine de la Mythologie, p. 8. & 18.

amour pour la verité rendirent la Déesse de la Justice. Nous le disons parce qu'elle étoit sœur de Saturne & petite fille d'Acmon, frere de Doëas, & que dans ce païs étoient les contrées (*t*) Acmoniene & Doëantienne, où l'on conservoit un grand respect pour sa mémoire. La Reine Marpésia, conductrice des Amazones, se fixa à Thémiscyre, elle y bâtit (*u*) un Palais, & y établit le siége de sa puissance. C'est de là que vint le surnom de (*x*) *Thémiscyréennes* qui fut donné à ces Guerrieres, à cause de

(*t*) *Vide* CELLAR. *Geogr. antiq.* to. 2. p. 131. & 273. APOLLON. de Rhodes nomme l'une & l'autre *Argonaut.* L. 2. *vers* 990. & 994.

(*u*) DIOD. L. 2. p. 224. THEMIST. *Orat.* 17. p. 333.

(*x*) APOLLON. *Argon.* L. 2. v. 997. PINDARUS *apud* STRAB. L. 12 p. 879.

E iij

leur habitation principale. Les plus hautes montagnes de la Province reçurent aussi le nom (*y*) d'*Amazoniennes*, parce que ces femmes s'y exerçoient fréquemment à la chasse des bêtes fauves qui y étoient en grand nombre. Le Thermodon même changea de nom à l'ocasion des Amazones. Avant leur arrivée dans la Cappadoce, il s'apelloit (*z*) *Crystalle*, non, comme quelques Anciens se sont imaginés, à cause de la froideur extrême de ses eaux, qu'ils disent se glacer quelquefois au cœur de l'Eté, le confondant peut-être avec le Tanaïs, qui se jette comme celui-ci dans le Pont-

---

(*y*) PLINE L. 6. c. 4.

(*z*) PLUTARCH. *de Fluminibus*. EUSTATH. *in* PERIEGET.

Euxin ; mais parce que (*a*) l'on trouve sur ses bords une pierre parfaitement blanche & transparente, qui est une espéce de cristal, que le caractére des eaux & du lit dans lequel elles coulent produit naturellement, avec une autre sorte de pierre bleuë, que l'on prenoit pour du Jaspe. Depuis que les Amazones se furent établies aux environs de ce fleuve, on le nomma *Thermodon*, dont la signification marque une qualité toute oposée à la premiere. On la lui donna sans doute parce que les Amazones en bûvoient, & qu'on lui atribuoit (*b*) l'ardeur, le courage & l'impétuosité qui échauffoient ces Guer-

(*a*) DYONYS. PERIEG. v. 780. & *seq.*
(*b*) *Idem.* v. 774.

rieres dans les combats. Il a communément soixante pas d'une rive à l'autre. Enfin les Amazones changerent tellement la face du païs qu'on lui donna (c) leur nom, & Thémiscyre devint une Ville roïale, d'où dépendoit un grand nombre de Peuples voisins, dont Pline (d) a raporté la liste. Les Amazones y étoient dispersées (e) en trois Tribus differentes qui avoient chacune leur canton. On distinguoit celles du milieu de la Cappadoce, celles de la Syrie-Blanche, & celles de la Ville de Thémiscyre ou des environs. Mais les unes & les autres dé-

---

(c) STRABO. L. 1. p. 91.

(d) PLIN. Hist. nat. L. 6. c. 3. & 4.

(e) APOLLON. RHOD. Argonaut. L. 2. v. 997. & seq. STRABO. L. 12. p. 827.

Part II. p.105.

Ch. Mathey Sculp.

pendoient des deux Reines qui gouvernoient toute la Nation, soit pour la police intérieure du Roïaume, soit pour les guerres que l'on avoit avec les Peuples étrangers.

ARTICLE II.

Ephése & le Temple de Diane.

Après Thémiscyre, Ephése & son Temple furent les deux plus célébres Monumens des Amazones. Déja les fondemens d'Ephése avoient été jettés (*f*) par un Grec dont elle portoit le nom (*g*) quand les Amazones poussèrent leurs

(*f*) PAUSAN. L. 2. c. 2. p. 515.

(*g*) PLINE lui en donne plusieurs autres. L. 5. c. 29.

conquêtes jusqu'à cette extrêmité maritime de l'Ionie. Mais ce qui en existoit ne meritoit pas le titre de Ville. C'étoient au plus quelques maisons bâties de loin en loin par un particulier sans aveu, sans secours, sans autorité. Il étoit réservé aux Amazones d'être les Fondatrices de la plus illustre Cité qui fût dans l'Asie Mineure. Otrire (*h*) leur Reine, engagée par la situation du lieu, y établit sa résidence ; elle y bâtit un Palais, elle fit une Ville considerable.

Le commerce qu'elles eurent avec les Grecs établis dans ces Provinces maritimes leur donna connoissance des Divinités qu'ils adoroient ; & aussi-tôt elles s'attache-

___
(*h*). Hygin. c. 223. & 225.

rent specialement à Diane, dont l'origine, le culte & les fonctions avoient un raport direct au caractere des Amazones, en faisant abstraction de ses autres attributs de Lucine, d'Hecate ou de la Lune.

On disoit qu'elle étoit sœur d'Apollon, fille de Jupiter & de Latone, qui pour éviter les poursuites de Junon (*i*) s'étoit sauvée de Créte dans une Ile que Neptune fit sortir du sein des eaux par un coup de son Trident ; qu'aussi-tôt après sa naissance elle avoit été en état de secourir sa mere ; qu'elle n'avoit jamais eu de commerce (*l*) avec les hommes ; qu'elle changea Acteon

(*i*) Hygin. *fab.* 140.

(*l*) Callimach. *Hymn. in Dian.* v. 5. l'Histoire fabuleuse de cette Déesse y est fort au long.

E vj

en cerf (*m*) pour avoir eu la téméraire hardiesse de la regarder dans le bain, & qu'ensuite elle le fit dévorer par les chiens. Suivant les idées communes, elle vivoit dans les forêts, acompagnée d'une societé de Nimphes, qui s'étoient consacrées comme elle au célibat. Là, elles faisoient leurs délices de la chasse; Diane avoit (*n*) un arc & des fléches que Vulcain lui avoit forgées par ordre de Jupiter. Le fréquent usage qu'elle en faisoit lui avoit rendu la main sûre, & ses coups portoient toûjours la mort; d'où vient qu'on ne la représentoit jamais sans ses armes. Elle n'avoit pas moins d'a-

---

(*m*) NONNUS *Dionysiac.* L. 5. v. 290-370. OVID. *Metam.* L. 3. *fab.* 4. & 5.

(*n*) HYGIN. & CALLIM. *loc. cit.*

dresse (*o*) aux filets, ce qui lui fit donner le surnom de *Dictys*. Les Amazones retrouvoient dans cette Déesse l'attachement inviolable qu'elles avoient à leur Ceinture. C'étoit le plus cher ornement de Diane & des Nimphes, simbole (*p*) de leur virginité. Elle avoit un Temple (*q*) où les filles de la Gréce lui consacroient la leur, dès que leur grossesse étoit déclarée après un mariage légitime. Mais elle ne les abandonnoit pas dans ce changement d'état ; on croïoit au contraire qu'elle présidoit à leur acouchement,

(*o*) *Vide* NATAL. COM. *Mytholog.* c. 8. p. 262.

(*p*) APOLLON. RHOD. L. 1. AGATHIAS *Carmin.*

(*q*) *Vide* PIERII VALERII *Hieroglifica.* fol. 8. 298. & 299.

& on l'invoquoit alors sous le nom de Lucine. Enfin on suposoit qu'elle étoit habillée comme les Amazones, de la peau des bêtes qu'elle avoit tuées ou prises à la chasse, & on lui donnoit un char attelé de deux Biches.

Ces raports ressembloient trop à la vie des Amazones pour n'en être pas flattées. Elles adopterent avec empressement le culte d'une Déesse qui pouvoit leur servir de modéle & de protectrice ; elles commencerent aussi-tôt à lui offrir des victimes. La premiere Statuë qu'elles firent en son honneur (r) fut pla-

---

(r) DENYS PERIEGETE dit sans vraisemblance qu'elles lui bâtirent un Temple dans le tronc d'un ormeau ; *vers 826. & seq.* mais cet endroit doit être corrigé par CALLIMAQUE, qui au lieu de Temple, dit une statue, ce qui devient naturel. *Hymno in Artemim seu Dianam.* v. 240. & seq.

cée dans un tronc d'arbre. Mais elles sortirent bien-tôt de cette simplicité qui ressentoit le caractére de leur Nation. Elles jettérent les fondemens du plus (*ſ*) superbe Temple qu'il y eût dans toute l'Asie, & peut-être dans l'Univers. La cérémonie s'en fit au milieu des chants de joie & des divertissemens des Amazones, qui dansoient au son de la flutte, & de certaine harmonie en cadence qui se faisoit par le choc des lances & des boucliers. Callimaque observe qu'alors on n'avoit pas encore inventé l'instrument (*t*) à plusieurs tuïaux que l'on met à la bouche des Corybantes & des Sa-

(*ſ*) SOLIN. c. 53. MELA. L. 1. PAUSAN. STRABO. & alii.

(*t*) C'est ce que l'on nomme vulgairement le siflet de Chaudronnier.

tyres, & qui étoit propre à la danse. Le bruit de cette Fête se fit entendre jusqu'à Sardes.

Le culte de Diane devint célébre, & se répandit au loin. Dans peu le premier Temple (*u*) bâti par les Amazones, fut trop petit pour contenir la multitude de ceux qui venoient sacrifier à la Déesse, & les dons qu'ils y laissoient. On en fit un autre plus vaste ; puis un troisiéme & un quatriéme toûjours plus spacieux, pour la même raison. Le dernier fut regardé (*x*) comme l'une des sept Merveilles du monde, & on le mettoit au premier rang. Le fa-

───────

(*u*) CALLIMAQUE dit qu'il fut bâti par la Reine Hippo ; & Hygin la nomme Otrire.

(*x*) HYGIN. c. 223. Le tems nous a enlevé ce que Philon en avoit écrit.

meux Architecte Ctésiphon (y) en avoit donné le dessein, qui ne put être executé que dans l'espace de deux (z) siécles, quoique toute l'Asie Mineure contribuât aux frais de ce grand ouvrage. Son étenduë en retardoit moins la consommation, que la délicatesse & la perfection du travail que l'on s'y étoit proposé. Il avoit deux cens vingt piés de large sur quatre cens vingt-cinq de longueur. Toute la charpente & même le toit étoient de bois de cédre, les portes de ciprès toûjours poli & luisant, & l'escalier qui montoit à la voute étoit, disoit-on, d'un cep de vigne sauvage coupé dans l'Ile

(y) PLINE. L. 36. c. 14. STRABON & VITRUVE, défigurent un peu ce nom, mais on voit bien que c'est le même. Cette description est de Pline.

(z) Ailleurs PLINE, dit quatre. L. 16. c. 40.

de Cypre. On voïoit dans l'intérieur de l'édifice cent vingt-sept colonnes faites par autant de Princes étrangers, dans le cours de deux cens ans, dont la hardieſſe & la ſtructure n'étonnoient pas moins qu'elles étoient inconnuës & inimitables. Quoique leur baze n'eût rien d'extraordinaire pour la force, & qu'elles diminuaſſent inſenſiblement, juſqu'à leur derniere hauteur qui étoit de ſoixante piés; cependant l'Architecte avoit eu l'art de les couronner (a) d'un chapiteau, qui por-

─────────

(a) Le dernier Editeur de Morery, au mot *Ephefe*, fait dire à Pline que c'eſt ici l'invention des colonnes portées ſur un piédeſtal, & ornées de chapiteaux. Mais j'oſe aſſurer qu'il n'y a rien dans cet endroit de Pline qui le ſignifie, & d'ailleurs cela eſt faux, comme il ſeroit aiſé de le prouver par des monumens de l'Egypte beaucoup plus anciens. C'eſt là que les Grecs avoient apris leur Architecture.

toit plus de six piés de diametre, & qui excédoit prodigieusement celui de la colonne. Des cent vingt-sept qui y étoient, il y en avoit trente-six sculptées du haut en bas dans une perfection admirable. La position du Temple n'étoit pas moins remarquable que la beauté de sa structure. Pour éviter l'effet des tremblemens de terre qui arrivent de tems en tems aux environs d'Ephése, on l'avoit placé à un quart de lieuë de la mer dans un terrein marécageux. Non seulement les fondemens en portoient sur pilotis, mais on les avoit garnis de charbons, & de peaux de moutons avec la laine. Xercès, qui par fureur abatoit tous les Temples qu'il trouvoit sur sa route, épargna celui-ci par respect (*b*).

(*b*) SOLIN. *Rerum mirab.* c. 53.

La Statuë de la Déesse étoit avec raison un sujet d'étonnement plus grand que tous les autres. Ceux qui acompagnoient le Consul Mutianus à Ephése ( ) eurent la curiosité de l'examiner de près, & assurerent qu'elle étoit faite d'un cep de vigne revêtu (*d*) d'or comme elle l'avoit demandé par un de ses Prêtres, parce que c'est de tous les bois celui qui dure le plus long-tems. Et en effet, la tradition portoit qu'elle étoit plus ancienne (*e*) que toutes celles de Minerve & de Bacchus de Thébes. Néanmoins elle

(*c*) PLINE. L. 16. c. 40.

(*d*) Ce qui a fait dire à XENOPHON qu'elle étoit d'or. *Cyrop.* L. 5.

(*e*) PLINE. L. 16. c. 40 parle d'un Temple de Diane bâti 200. ans avant le siége de Troye, qui subsistoit encore de son tems.

étoit percée dans sa hauteur ; & de tems à autre on y couloit une espéce d'huile aromatique qui nourissoit le bois & l'empêchoit de se carier. Ce fut par ce moïen qu'elle se conserva depuis la fondation de son premier Temple par les Amazones jusqu'à l'extinction de l'Idolâtrie sous Constantin le Grand. Quoique le Temple fût changé ou rebâti sept fois dans cet intervale, ce fut toûjours la même Statuë. Elle représentoit (*f*) une femme à peu près de grandeur humaine, qui avoit un voile sur la tête, mais qui ne couvroit point la face. Depuis la poitrine jusqu'aux piés rien ne marquoit la figure du corps. C'étoit un buste informe, à

(*f*) On voit plusieurs de ces Figures dans le P. Montfaucon, ou autres monumens de l'Antiquité.

peu près semblable à un piédestal rond, garni de huit ou dix ceintures du haut en bas, couvertes de tout ce que l'Orient avoit de plus précieux en perles, diamans, rubis, saphirs, topazes, émeraudes, & entre lesquelles étoit un rang de mammelles jusqu'en bas. On en raporte l'origine aux Amazones, qui consacroient à Diane la mammelle qu'elles se retranchoient, & c'est pour cette raison qu'on la nommoit *Mammosa* (*g*). Elle avoit les deux bras étendus, & de chaque main elle tenoit un cordon où étoient attachées différentes pierreries, ou des perles d'une grosseur surprenante, & qui venoit aboutir à ses piés.

(*g*) MINUTIUS FELIX & S. JEROME disent plus juste Πολύμμαςις, *qui a plusieurs mammelles*.

Trois (*h*) objets concouroient donc à rendre célébre le culte de Diane d'Ephéfe & à lui faire donner le furnom de GRANDE, qui précédoit toûjours le fien. 1°. La magnificence, la beauté & les richeffes de fon Temple, plus digne d'honorer la Divinité que tous les autres, & qui n'avoit point de femblable. 2°. La Ville d'Ephéfe, devenuë l'une des plus confidérables de l'Afie Mineure par le nombre de fes habitans, la fomptuofité de fes édifices & la grandeur de fon commerce. La fureté du Port par lequel on y abordoit y attiroit tous les Négocians, foit de la Grece, foit des Iles, foit du Pont-Euxin. Ils y trouvoient un prompt débit de leurs

___
(*h*) PAUSAN. L. 4. c. 31. p. 357.

marchandises, & ils en retiroient d'autres qu'ils n'avoient pas chez eux, & qu'ils y raportoient avec avantage. 3°. Les Ephésiens eux-mêmes relevoient autant qu'il leur étoit possible la gloire de la Déesse en publiant aux Nations étrangeres les merveilles qu'elle avoit operées parmi eux. Chaque particulier vouloit avoir dans sa maison un petit Temple, ou une Statuë de la Déesse en argent. C'est ce qui causa le tumulte & la violente sédition que les Orfévres de la Ville (*i*) excitèrent contre S. Paul, parce qu'il avoit prêché hautement qu'on ne pouvoit regarder comme une Divinité ce qui étoit fait par la main des hommes, & qu'il attaquoit di-

---

(*i*) *Actuum.* c. 19.

rectement

rectement les honneurs que l'on rendoit à Diane. Les Ephésiens avoient une loi (*l*) qui leur ordonnoit de se rapeller tous les jours la vie & les maximes de quelqu'un des Sages qui s'étoit distingué par ses vertus ; & leur Ville fournissoit plusieurs de ces exemples, comme elle avoit produit (*m*) d'illustres Savans en tous genres. De ce nombre furent les Philosophes Héraclite, Métrodore & Hermodore; l'Historien Alexandre surnommé Lychnus, le Poëte Hipponax, & les deux célébres Peintres Apelle & Parrhasius. Cependant on les a accusés (*n*) de Magie, c'est-à-dire, de prestiges.

(*l*) HERODOT. DIONYS. HALIC.

(*m*) STRABO. L. 14. p. 950.

(*n*) HUET. *Demonstr.* p. 434.

de forts, ou d'enchantemens par je ne sais quels secrets. Mais leur endroit le plus remarquable étoit l'amour de l'égalité. Jamais Peuple n'en fut épris plus vivement. Ils s'étoient fait une maxime de ne souffrir (*o*) aucun Citoïen qui effaçât les autres par la régularité de ses mœurs. Ils chasserent en conséquence le Philosophe Hermodore dont la conduite & les lumiéres choquoient une Ville licentieuse ; ce qui fit dire à Héraclite son ami que les Ephésiens étoient tous dignes de mort pour avoir exclu de leur société un homme aussi respectable. Les Romains le recüeillirent avec

———

(*o*) Strabo. L. 14 p. 950. Cicero *Quæst. Academ.* L. 5. c. 36. Diogen. Laert. *in Heraclito.*

joie, & il rédigea (*p*) la célèbre Ordonnance des Decemvirs, qu'on nomma la loi des Douze Tables.

L'attachement que les Ephésiens avoient pour Diane rendit leur douleur aussi grande qu'elle le pouvoit être quand ils virent son Temple ravagé par les flammes. Un certain (*q*) Herostrate ne trouvant dans son esprit ni dans ses talens (*r*) aucun moïen de faire passer son nom à la postérité, s'avisa de mettre le feu à ce superbe édifice, admiré & respecté de toute la terre. Il en fut

(*p*) PLIN. L. 14. c. 5. POMPON. JURISC. *in* L. 2. ff. *de Orig. Juris.* §. *exactis.*

(*q*) D'autres le nomment Hegestrate, Lygdamis ou Phlegias.

(*r*) STRABO. L. 14. p. 949. SOLIN. *Rer. Mem.* c. 53. PLUT. *in Alex.* p. 665. VALER. MAX. L. 8. c. 14. n. 5. AULU-GELL. L. 2. c. 6.

F ij

considérablement endommagé; mais le promt secours que l'on y aporta empêcha qu'il ne fût détruit entierement; puisque la Statuë de Diane, qui n'étoit que de bois, n'en fût point atteinte, & que, suivant la tradition, elle subsistât (*f*) depuis les Amazones jusqu'à la fin de l'Idolâtrie. Ce malheur arriva le jour même de la naissance d'Alexandre le Grand; ce qui fit dire par plaisanterie à l'Historien Timée, que Diane (*t*), ocupée dans ce moment aux couches d'Olympias, avoit ignoré ce qui se passoit dans son Temple, ou du moins n'avoit pu éteindre l'incendie qui le ravageoit. Les effets

(*f*) PLIN. L 16. c. 40.

(*t*) *Apud* CICERON. *de Nat. Deor.* L. 2. c. 17.

en subsistoient encore lorsqu'Alexandre entra dans l'Asie. Il offrit aux Ephésiens (*u*) de les réparer à ses dépens, & de leur rembourser ce qu'il en avoit déja couté, pourvû qu'ils lui permissent de le faire connoître par une inscription. Mais les Ephésiens refuserent de lui en ceder la gloire, & l'un d'eux osa lui dire par raillerie qu'il ne convenoit pas à un Dieu d'offrir des presens à un autre. Ils s'y porterent avec tant de zele que chacun y contribua de tout son pouvoir, & que les femmes donnerent (*x*) jusqu'à leurs bijoux & leurs ornemens les plus chers.

(*u*) Strabo. L. 14. p. 949.

(*x*) On avoit vû la même chose lorsque Moyse proposa la construction du Tabernacle & des choses sacrées qui y devoient être. Les tems sont bien changés.

L'édifice sortit donc de ses cendres plus brillant qu'il n'avoit jamais été, & tous les Princes le comblerent d'honneurs, de dons & de privileges. Les Prêtres nommés en général *Megabyzes* (y) ou *Megalobyses*, toient Eunuques & parfaitement respectés pour la régularité de leurs mœurs. Pendant l'année (z) de leur exercice, ils se privoient du bain & de plusieurs alimens qu'ils regardoient comme trop délicats, sensuels ou impurs, & ils n'entroient jamais en d'autres maisons que dans la leur. Ils présidoient aux Fêtes de

---

(y) CASAUBON sur cet endroit de Strabon. Il semble cependant selon d'autres que Megabyze étoit le nom d'un Prêtre particulier, dont on lit une Histoire à l'ocasion de Laërce dans Xenophon. PLINE, L. 35. c. 10 & 11. QUINTILIEN. L. 5. c. 12. & APPIEN, *de Bello civili*. L. 4.

(z) PAUSANIAS. L. 8. c. 13.

Diane qui se célébroient tous les ans (*a*) vers le milieu du mois d'Août avec une pompe & une magnificence extraordinaires, & ils étoient assistés par un grand nombre de jeunes filles consacrées à la Déesse, dont les parures modestes imprimoient la retenuë. Le Temple eut droit (*b*) d'azyle comme ceux des principales Divinités. D'abord ce ne fut que dans l'enceinte de ses murailles. Alexandre l'étendit à un stade de circuit. Mitridate Eupator Roi de Pont l'augmenta de quelque chose (*c*). M. Antoine donna le double de cet espace, & acorda

---

(*a*) *Vide* ALEXANDRUM ab Alex. *Gen. dier.* L. 3. c. 18. *cum notis* TIRAQUELLII.

(*b*) HORAT. L. 2. Ode 9.

(*c*) STRABO. L. 14. p. 950.

même ce privilege à un quartier de la Ville. Mais les Ephésiens representérent à Tibére l'abus de cette extention de Privilége, qui favorisoit le crime & l'impunité; cet Empereur resserra le droit d'azyle dans ses premieres bornes. Si je ne craignois l'excès d'une trop longue digression, je mettrois volontiers ici la Relation admirable de M. de Tournefort (d) sur l'état ancien & présent de la Ville d'Ephése & de son Temple. Ce docte Voïageur n'a rien oublié de tous les évenemens qui regardent l'un & l'autre soit pour l'antiquité, soit pour le moïen âge. Les Savans y trouveront encore à s'instruire, & ceux qui ne lisent que

(d) C'est la vingt-deuxiéme Lettre de son Voïage du Levant.

pour s'amuſer, y auront dequoi ſe fatisfaire.

Le commerce que les Amazones d'Ephéſe entretenoient avec les Villes maritimes du Pont-Euxin où leur puiſſance étoit établie, y porta le culte de Diane. La Preſqu'Ile ou Cherſonèſe Taurique fut l'endroit où il devint plus célébre. La Déeſſe avoit un Temple dans la Ville (e) d'Héraclée, & des Prêtreſſes, qui vivoient dans la continence & la même régularité de mœurs que celles d'Ephéſe. Mais les Sacrifices y étoient différens. Ici on lui offroit ſimplement (f) les fruits de la chaſſe, de la pêche, des gâteaux de pure farine & les prémices de la

(e) STRABO. L. 7. p. 474.
(f) CALLIMAC. in Dianam. NATALIS COMES. L. 3. c. 8.

campagne (*g*). Les victimes qu'on lui immoloit dans la Tauride ressentoient la cruauté des Scythes & la vengeance des Amazones. Ennemies implacables des Grecs, elles établirent de sacrifier à la Déesse (*h*) tous ceux que le hazard ou le commerce ameneroit sur les Côtes Septentrionales du Pont-Euxin ; persuadées qu'étant leur protectrice elle aimoit à voir couler aux pieds de ses Autels le sang de leurs ennemis. On sait l'histoire d'Iphigénie envoyée dans la Tauride pour servir de Prê-

(*g*) On lui immoloit aussi des bœufs, comme il paroît par une Médaille de l'Impératrice Julie, où l'on voit une Amazone qui en présente un à Diane. Nous l'avons raportée au commencement de ce Chapitre.

(*h*) HERODOT. L. 4. STRABO. L. 5. p. 366. *cum notis* . *artor*. HYGIN. c. 120. & 261. CALLIMACH. *in Dianam*. SERVIUS *in* 2. Æneid. n. 13. TERTULL. *in Scorpiaco*. c. 7. p. 624. *& alii*.

Partie II. p. 131.

Ch. Mathey Sculp.

tresse à Diane, les dangers que courut son frere Oreste avec Pylade, & la maniere dont ils se sauverent tous trois emportant la statuë de la Déesse.

ARTICLE III.

La Ville de Smyrne & les environs.

LEs Amazones, maîtresses de l'Ionie, ne se bornerent pas aux embellissemens de la Ville qu'elles avoient choisie pour y établir le siége de leur Souveraineté. Elles en bâtirent ou réparerent d'autres, dont on les regarda comme les Fondatrices. Smyrne fut de ce nombre, & ce nom lui vint (*i*) d'une Reine des Amazones qui présida à l'ouvrage.

(*i*) STEPHAN. BYZANT. *vocab.* Smyrna.

Elle étoit placée sur l'embouchure du fleuve Hermus ou Melès, environ à dix-huit lieuës au-dessus d'Ephese, dans une situation aussi agréable qu'avantageuse pour le commerce. La sureté de son port, qui est formé par le Golfe, la rendit très-marchande, & la mit enfin (*l*) au rang des douze grandes Villes de l'Ionie, à la sollicitation des Ephésiens, unis par les liens d'une même origine, & anciennement du même nom. La réputation de ses vins & l'abondance des blés que l'on y recueille (*m*) y attirerent non seulement les Grecs, mais encore les Peuples du Pont-Euxin, qui y trouvoient une ressource certaine

---

(*l*) STRABO. L. 14. p. 939.

(*m*) HERODOT. *vita Homeri.* c. 5. STRABO. L. 14. p. 945.

dans leurs années de disette. Elle s'agrandit de la sorte en peu de tems, & elle devint puissamment riche en ne donnant que son superflus. Sa gloire & son opulence firent souvent le sujet de sa douleur. Après le regne des Amazones, les Eoliens, qui prétendoient y avoir un droit primitif, s'en emparerent & la garderent assez longtems. Mais les Ioniens la leur enleverent par la force des armes. Elle fut le théâtre (*n*) de la Guerre entre ces deux Peuples, qui vouloient l'avoir pour tributaire, & les hostilités continuelles ausquelles elle étoit exposée l'avoient réduite dans une situation déplorable lorsqu'Alexandre le Grand la visita. Ce Prince touché de voir les ruines d'une

___
(*n*) Strabo. L. 14. p. 940.

place aussi avantageuse à tous égards, ordonna qu'elles fussent relevées, & en subjuguant ceux qui avoient été les auteurs de sa désolation, il la mit en état de recouvrer sa premiere splendeur. On en voit la preuve dans les éloges qui lui sont donnés à la tête du fameux Marbre (*o*) de Smyrne, où elle est nommée Métropole, très-riche & très-puissante.

Cependant elle conserva toujours des vestiges qui rapelloient le souvenir de l'Histoire des Amazones. Le fleuve Hermus sur lequel elle étoit bâtie s'appelloit aussi (*p*) Thermodon, par allusion à celui de la Cappadoce d'où l'on savoit que les Ama-

---

(*o*) SELDEN, PRIDEAUX & VAILLANT nous ont laissé de savans Commentaires sur ce Monument.

(*p*) POMP. MELA. L. 1. c. 7.

zones étoient venues dans l'Ionie. Il nous reste plusieurs Médailles frapées à Smyrne, dont l'une (*q*) représente une de ces Guerrieres avec son habit de combat, tenant ses armes dans la main gauche, & portant un Temple sur la droite. Dans une (*r*) autre c'est le buste de quelqu'une de leurs Reines qui a le côté droit découvert & une couronne de tours; au revers c'est un lion apuïé sur un bouclier, simbole de la force & du courage. On voit dans les unes & dans les autres qu'elles ont été frapées à Smyrne, même après qu'Alexandre en eut réparé les ruines. Quoique les Habitans eussent dû regarder ce Prince comme le

(*q*) PETIT. *de Amazon.* p. 187.

(*r*) Idem. p. 237.

principal Fondateur & Protecteur de leur Ville, cependant ils ne pouvoient oublier celles dont ils avoient admiré la valeur, & aufquelles ils fe faifoient gloire d'avoir été foumis.

L'efpace qui eft entre Smyrne & Ephéfe, ou plûtôt entre le fleuve Melès & le Cayftre, fut autrefois apellé les Plaines ou le Marais de l'Afie. Ce nom d'*Afie* (*f*) n'étoit pas encore fi étendu qu'il l'eft aujourd'hui. Lors même que les Romains en eurent fait la conquête, ils n'y comprenoient que les Provinces maritimes de l'Hellefpont & celles de la Mer de Cypre. Quelques-uns l'ont refferré entre le Mont Tmolus, le Melès, le Cayftre & la Mer. C'eft à cette contrée, ou à quelque Ville

_____
(*f*) *Vide* CELLAR. *Geogr. Antiq.* L. 3. c. 1. n. 9. & 10.

inconnue qui y avoit le nom d'Asie, qu'il faut raporter une autre (*t*) Médaille, où l'on voit deux Reines des Amazones, avec une inscription qui marque quelqu'alliance entre la Ville ou la Contrée d'Asie & Smyrne.

Ces monumens de la puissance des Amazones en Ionie & en Lydie prouvent incontestablement la vérité de leur Histoire ; car on ne peut concevoir que des Villes aussi policées se soient fait de concert une pareille illusion sans aucun fondement.

Il n'en est pas de même d'un préjugé célebre, qui, ce semble, prit naissance dans ce Païs, & qui se répandit au loin. C'est celui du chant des Cygnes. Homere, que

___
(*t*) Petit. *de Amazon.* p. 238.

plusieurs ont cru originaire de Smyrne ou des environs, compare (*u*) la multitude des Grecs qui allerent au siége de Troye à celle des Cygnes, des Oies & des Gruës que l'on voïoit dans les prairies du Cayſtre, nommées le marais d'Aſie. Mais on n'en demeura pas à cette idée qui pouvoit avoir quelque juſteſſe dans le raport. On s'imagina que le Cygne ſurpaſſoit ou devoit ſurpaſſer autant les autres Oiſeaux par la douceur de ſon chant que par la blancheur admirable de ſon plumage. Mais comme perſonne ne l'avoit entendu de près, on dit qu'il ne chantoit que quand (*x*) il s'étoit élevé dans la

(*u*) HOMER. *Iliad*. 2. v. 459. & *ſeq*.

(*x*) VIRGIL. *Æneid*. L. 7. v. 699.
   Ceu quondam nivei liquida inter nubila Cygni

plus haute region que son vol lui permet. Il est vrai qu'alors il pousse certains cris à peu près semblables à ceux de l'Oie, quoique beaucoup plus doux, & la confusion causée par l'éloignement fit dire que c'étoit une mélodie parfaite. D'autres ont cru qu'il ne chantoit (y) qu'un moment avant sa mort. Suivant Platon, Socrate son maître en étoit si convaincu qu'il en tiroit un sujet d'instruction pour les hommes, à qui il reprochoit de redouter la mort, tandis que le Cygne leur aprenoit à s'en réjouir, en les avertissant qu'elle réunit l'homme à la Divinité. L'O-

Cum sese è pastu referunt, & longa canoros
Dant per colla modos; sonat amnis, & Asia
longe
Pulsa Palus.

(y) Pline. L. 10. c. 23.

rateur Romain (z) reconnoît que l'Antiquité a eu raison de consacrer cet Oiseau à Apollon, puisqu'il annonce de lui-même la fin de sa vie, inconnue aux plus sages de la nature. Cette supofition servoit d'emblême aux hommes d'un mérite distingué. Socrate, dit-on, avertit (a) qu'il avoit vû en songe un jeune Cygne, qui étoit venu se reposer sur ses genoux, d'où il reprit son vol quelques momens après, remplissant l'air de ses chants harmonieux ; & il dit au pere de Platon, que son fils deviendroit un sujet d'admiration pour l'Univers. Horace dans sa vieillesse disoit avec au-

(z) Cicero. *Quæst. Tusculan.*

(a) Pausan. L. 1. c. 30.

tant d'esprit que de vanité (*b*), que déja il fentoit durcir la peau de fes jambes, les plumes croître fur fes bras & fur fes épaules, & qu'il touchoit au moment où il feroit métamorphofé en Cygne. Enfin la douceur prétenduë des chants de cet Oifeau le fit donner pour attribut (*c*) à Apollon Dieu de la mufique ; Zéphir infpiroit les Cygnes par fon foufle, & ils faifoient voltiger les Amours fur les lacs & fur les fleuves. Cependant il faut reconnoître que plufieurs Anciens (*d*) moins crédules ont regardé comme une fable tout ce que l'on difoit des Cygnes,

(*b*) HORAT. L. 2. Ode 17.

(*c*) *Vide* PHILOSTR. *Iconum.* c. 9. & 11. *cum not. s* OLEARII.

(*d*) PLINE L. 10. c. 23. PAUSAN. L. 1. c. 20.

de même que le changement de Cycnus fils d'un Roi de Ligurie.

ARTICLE IV.

La Ville de Thyatire.

IL est vrai que les anciens Historiens ni les Géographes ne donnent point aux Amazones la gloire d'avoir contribué aux murs de Thyatire; mais c'est un fait qu'ils peuvent avoir ignoré comme bien d'autres, & qui est parvenu à notre connoissance par des monumens incontestables. L'autorité des Médailles marche tout au moins de pair avec celle des Ecrivains, & c'est par elles qu'on est souvent obligé d'expliquer & de rectifier ceux-ci. Or il nous

Partie II. p. 143.

Ch. Mathey Sculp.

en reste plusieurs (*e*) qui représentent des Amazones armées, & dont l'inscription est des habitans de Thyatire. S'ils n'avoient rien eu de commun avec les Amazones, s'ils ne les avoient pas regardées en tout ou en partie comme leurs fondatrices, sans doute qu'ils ne les auroient pas mises sur leurs Monnoies. Mais puisqu'ils s'en faisoient un honneur, même dans les derniers tems, il est sensible qu'ils leur raportoient la fondation ou l'agrandissement de leur Ville.

(*e*) PETIT. *de Amazon.* p. 253. *& seq.*

ARTICLE V.

Myrine, Cumes, Paphos & autres.

LA tradition étoit aussi constante à donner (*f*) ces trois Villes aux Amazones qu'à leur atribuer Ephése & Smyrne, dont on ne peut raisonnablement douter. La ressemblance des noms & la transposition de quelques lettres ont fait confondre Smyrne & Myrine ; mais il est certain que ces deux Villes étoient différentes. La premiere faisoit partie de l'Ionie, la seconde étoit dans la contrée des Eoliens. Celle-ci devoit son nom (*g*) à une Reine

(*f*) STRABO. L. 2. p. 771. STEPHAN. BYZANT. voce *Cuma*.

(*g*) Idem. L. 13. p. 924. & 859.

Reine des Amazones apellée Myrine, dont on voïoit le tombeau dans une plaine de la Troade, & qui s'étoit renduë célébre par sa force, sa légereté & son courage.

Cumes, autrement Cyme, étoit de la même province d'Eolie, & elle rapelloit la mémoire (*h*) de l'Amazone Cymée, qui l'avoit bâtie sur les premiers fondemens jettés par Pelops. Elle fut ensuite augmentée (*i*) par une Colonie de Grecs qui s'y établirent en sortant du siége de Troye ; & enfin elle disputa à Larisse l'honneur de primer sur les trente Villes qui composoient l'Eolie. On raporte deux traits qui montrent peu de génie dans ses habi-

---

(*h*) MELA. L. 1. c. 18.

(*i*) STRABO. L. 13. p. 92. & seq.

tans. Il y avoit près de trois cens ans que leur Ville étoit bâtie quand ils s'aviserent pour la premiere fois de faire païer les droits d'entrée & de sortie. La négligence qu'ils avoient montrée sur ce point fit dire qu'ils ne s'étoient pas encore aperçus que leur Ville étoit sur le bord de la mer. Le second trait marque encore plus de simplicité que le premier. Ils avoient emprunté une somme d'argent au nom de la République, pour laquelle ils engagerent leurs portiques. Le tems prescrit du remboursement étant échû sans avoir pu y satisfaire, ils crurent qu'il ne leur étoit plus permis de se promener ni de passer sous ces galeries publiques, & ceux qui étoient surpris par la pluïe n'osoient même s'y réfugier. Il fallut que leurs créanciers les assurassent qu'ils pouvoient hardiment joüir d'une commodité qui leur étoit commune avec les Etrangers, & qu'ils fissent crier par un Officier public que ce droit ne leur étoit pas défendu. On en prit ocasion de les railler, & de dire qu'il falloit les avertir de se mettre à couvert quand il pleuvoit. Cumes néanmoins produisit de grands hommes. Elle donna la naissance au célébre Ephorus, qui après avoir pris les leçons d'Isocrate écrivit lui-même sur les préceptes de la Réthorique, & donna ce grand Ouvrage sur l'Histoire cité fréquemment & avec éloges par les Anciens. Le malheur des tems nous a enlevé l'un & l'autre. Hesiode fait connoître qu'il étoit originaire de Cumes quand il dit que son pere quitta cette Ville pour aller s'établir en Béocie. On doute si Homere n'en étoit pas natif.

Strabon met Paphos au nombre des Villes qui furent bâties par les Amazones, mais ni lui ni aucun des Anciens ne nous ont laissé de lumieres sur cette Ville. On ne connoît d'autre Paphos que celle de l'Ile de Cypre.

Il seroit aisé d'ajouter ici un grand nombre de Villes (*l*) & de lieux qui ont conservé la mémoire des Amazones, ou qui en ont porté le nom pour des raisons qui ne sont pas venuës jusqu'à nous. Plusieurs Médailles ou témoignages des An-

___

(*l*) Magnesie, Amise, Amastris, Synope, Pythopolis, Prine, Mitylene, Myrlee, Amasie, Clete, Cynna, Hierapolis, Thiba, & autres que l'on peut voir dans Goropius & Petit.

ciens en font la preuve. Mais comme notre objet est moins de donner une Dissertation pour les Savans qu'une Histoire qui plaise au commun des Lecteurs, nous omettons toutes recherches critiques, séches & isolées qui ne seroient pas de leur goût. La seule réflexion que nous ferons ici, c'est que le nom & le souvenir des Amazones répandu dans la plus grande partie de l'Asie Mineure constate sans réplique leur réalité.

CHAPITRE VI.

Sépulcres ou Tombeaux des Amazones.

PLus on examine tout ce qui a raport à l'Histoire des Amazones, plus on est étonné de voir révoquer en doute leur existence. Celle des Heros de l'Antiquité passe pour incontestable parce qu'on lit leurs actions & leurs exploits dans differens Ecrivains; c'est un avantage que les Amazones ont de commun avec eux, & il doit prouver également pour elles. Mais elles en ont un autre qui manque à la plûpart de ces grands hommes, ce sont les monumens qui ont subsisté plusieurs siécles après elles, & qu'on ne peut soupçonner de faux ni de suposition.

Outre les Villes, les contrées & les endroits particuliers qui en conservoient le nom & la mémoire, on voïoit encore de leurs tombeaux en diverses Provinces, qui rapelloient le souvenir de leur gloire & de leurs expéditions. C'étoit l'usage ordinaire chez les Anciens d'aposer certaines marques aux endroits qui étoient devenus célébres par des événemens du premier ordre, & sur tout aux Tombeaux des grands personnages. Ainsi Jacob éleva (*m*) un monceau de pierres à l'endroit où il avoit eu la vision mystérieuse des Anges qui étoient des-

(*m*) Genes. c. 38. v. 18. & c. 35. v. 14.

cendus du ciel pour lui annoncer les bénédictions du Seigneur sur sa posterité. Il pratiqua la même chose (*n*) sur le lieu où il fit alliance avec Laban, en signe de leur réconciliation. Pour conserver le souvenir du passage du Jourdain, Josué ordonna (*o*) que l'on aportât de grosses pierres dans l'endroit où les Israëlites avoient traversé le fleuve par un miracle semblable à celui de la mer rouge. Le même usage étoit établi chez les Nations étrangeres. Les fameuses Pyramides d'Egypte servoient de tombeaux aux Princes illustres de ce Roïaume. Hercule dressa (*p*) ses Colonnes, qui

(*n*) *Ibid.* c. 31. v. 46. & *seq.*
(*o*) Josue c. 4. v. 3. & *seq.*
(*p*) Voïez Strabon. L. 3. p. 178.

n'étoient autre chose qu'un grand amas de pierres & de terre, pour aprendre à la posterité qu'il avoit porté ses exploits jusqu'aux extrêmités de l'Afrique. Enfin Alexandre (*q*) marqua le terme de ses conquêtes par les Autels qu'il fit dresser au-delà de l'Hyphase. Cette coutume étoit générale pour les Tombeaux des personnes que le rang ou des vertus éminentes avoient distinguées pendant leur vie. On les inhumoit (*r*) au pié ou sur le sommet d'une montagne, où

(*q*) ARRIAN. *de exped. Alex.* L. 5. c. 28. & *in Indicis.* c. 2. PHILOSTR. *vit. Apoll.* L. 11. c. *ult.* AMBROSIASTER. *de moribus Brachm.*

(*r*) *Apud majores, Nobiles aut sub montibus altis aut in ipsis montibus sepeliebantur. Unde notum est ut super cadavera aut pyramides fierent, aut ingentes collocarentur columnæ.* SERVIUS. *in* XI. *Æneid.* v. 849.

l'on élevoit exprès des hauteurs; quelquefois on leur dressoit des Colonnes ou des Pyramides. L'état & les grandes actions des Amazones leur avoient mérité ces honneurs funébres, & elles les reçurent non seulement de ceux dont elles défendoient les interêts, mais encore de leurs ennemis les plus déclarés. Le mérite & l'admiration l'emportoient en ceux-ci sur le ressentiment du cœur.

Près de l'ancienne & malheureuse Ilion (*s*) on voïoit le Tombeau de la Reine Myrine dont on n'avoit point oublié la bravoure & l'extrême légereté à la course. Quoique le Peuple apelât cet endroit *Batiée*, de Batia (*t*) fille de Teu-

(*s*) Homer. *Iliad.* 2. v. 811. *& seq.*
(*t*) Eustath. *in hunc loc.*

ter & femme de Dardanus, ceux qui étoient instruits de l'Antiquité lui donnoient préférablement le nom de la Princesse des Amazones. Ce fut auprès de ce monument, voisin des murailles de la Ville, que le généreux Hector fit la premiere revuë des Troyens & de leurs Alliés. Ceux qui rendirent les derniers devoirs à Myrine voulurent que le seul aspect de son tombeau annonçât avantageusement les cendres augustes qu'il renfermoit. Le lieu en avoit été élevé par une mole de terre raportée de main d'hommes, & qui formoit une hauteur que l'on apercevoit de loin.

La célébre Penthésilée, qui avoit fait des prodiges de valeur en combattant contre les Grecs au siége de Troye, eut une sépulture encore plus honorable. Après que les Troyens eurent réduit son corps en cendres suivant la coutume, & avec une pompe extraordinaire, le Roi Priam (*u*) les fit mettre dans une Urne précieuse ; il les transporta près de celles du Roi Laomédon, & l'on y bâtit une Tour fort élevée, pour conserver à la postérité le souvenir de cette Princesse. On inhuma à ses côtés les autres Amazones qui s'étoient dévoüées aux intérêts des Troyens.

La reconnoissance les obligeoit à honorer ainsi des Guerrieres illustres qui étoient venuës donner leur sang pour eux. Mais il est plus étonnant de voir les Grecs élever des monumens à la gloire des Amazo-

―――――――――――――――――
(*u*) QUINT. SMYRN. L. 1. v. 796. *& seq.*

nes, qui avoient passé la mer pour aller leur déclarer la guerre. Ils le firent néanmoins par tout où le sort des armes avoit fait succomber quelunes d'entr'elles.

Avant que d'entrer à Athénes par la porte d'Itone, on trouvoit (x) sur le chemin un endroit nommé *Amazonien*, où étoit une grande colonne dressée en l'honneur d'une Amazone. L'Histoire de ces tems reculés portoit (y) que c'étoit le tombeau d'Hippolyte ou Antiope, qui avoit suivi Thésée dans l'expédition d'Hercule, & qui fut percée par le javelot d'une autre Amazone apellée Molpadia. Mais quelque doute que l'on puisse for-

(x) Plato. *in Axiocho.*

(y) Plutarch. *in Theseo.*

mer en particulier sur celle qui y avoit sa sépulture; il est constant que Thésée fit élever cet édifice en mémoire de quelqu'Amazone, dont les mânes y reposoient, puisque la colonne se nommoit *Amazonienne*.

Le malheur continuel qui les acompagna dans cette entreprise fit perir la plus grande partie de celles qui s'y étoient engagées. Mais quoiqu'elles fussent dans une terre étrangere & souverainement ennemie, elles y reçurent après leur mort des honneurs qui attestoient le respect & l'estime qu'on avoit eu pour elles. On voïoit en Thessalie les tombeaux de celles qui y avoient été tuées en voulant s'ouvrir le chemin de l'Attique. Celles qui perirent à la journée d'Athénes eurent le leur près d'Antiope. Les habitans de Chalcis en Eubée montroient la sépulture d'un grand nombre d'autres qui y étoient mortes de leurs blessures ; enfin il y avoit à Mégare (z) une tombe en forme de lozange, sous laquelle étoit inhumée la Reine qui avoit conduit les Amazones dans cette expedition, & qui succomba, non sous les armes des ennemis, mais à la douleur que la perte de ses compagnes lui avoit causées. Plusieurs siécles après cet évenement, des soldats (a) creusant près de Cheronnée pour y dresser leur tente trouverent la statuë d'un homme qui tenoit entre ses bras une de ces Guerrieres bles-

___

(z) Ibid. & Pausan. L. 1.

(a) Plutarch. in Demost.

sée ; & la riviere qui couloit près de cette Ville avoit long-tems porté le nom de Thermodon, par allusion au fleuve de Cappadoce où les Amazones avoient établi le siége principale de leur puissance.

CHAPITRE VII.

Culte des Amazones.

LEs talens, les Siences particulieres, la force, le courage, les grandes actions ont fait toutes les Divinités du Paganisme, ou si l'on veut, les Païens adoroient ces qualités differentes dans ceux qui les avoient possédées à un certain degré de perfection. C'est à ce seul principe qu'il faut raporter l'apothéofe des Dieux & des demi-Dieux qui composerent l'ancien Polythéisme. C'étoient des hommes semblables aux autres. Ils se distinguerent par quelques endroits éclatans ; la postérité admira leurs belles actions; le tems & l'adulation augmenterent les éloges ; insensiblement on les dépoüilla de l'humanité , & après leur avoir donné le titre de Divins, on parvint à les mettre au rang des Dieux dont on les disoit descendus , & enfin on leur offrit des sacrifices.

Tel fut le sort de quelques Reines des Amazones. Il est contre toute vraisemblance qu'aucune d'elles se soit donnée pour fille & pour femme du Dieu Mars. Elles étoient originaires du païs des Scythes, qui ne connoissoient ni la Religion ni les Divinités de la Gréce, & qui n'adoroient que la plus redoutable de leurs armes, j'entens le Cimetere. Mais la singularité du genre de vie des Amazones, la sagesse & la prudence de leur gouvernement, la constance & la vivacité avec lesquelles elles se portoient à l'execution de leur projet, la force, le courage & l'intrépidité qu'elles montroient dans les combats firent regarder leurs Reines, qui surpassoient toûjours les autres, comme soutenuës & transportées par une ardeur divine. Orithye, Penthésilée, Myrine, Hippolyte, Ephése & quelques autres passérent pour filles ou pour femmes du Dieu Mars, d'autant plus qu'on ne connoissoit distinctement ni leurs peres ni leurs maris. Néanmoins ces attributions ne vinrent point d'elles. C'eſt aux Grecs qu'il faut les raporter, & principalement à leurs Poëtes, fertiles à imaginer des généalogies & des enfans aux Dieux.

Ces idées avoient déja cours parmi eux quand les Amazones firent leur irruption dans l'Attique, pour ſe venger de celle d'Hercule, qui avoit été enlever la Ceinture de leur Reine. Malgré les hoſtilités & les ravages qu'elles commirent dans la Theſſalie, la Phocide, la Béocie & les campagnes d'Athénes, on ne put s'empêcher d'admirer & de reſpecter leur bravoure inouïe; on fut perſuadé qu'elles tenoient du Divin; on ſe crut obligé de les apaiſer & de les invoquer après leur mort, & les Athéniens établirent un jour dans l'année pour leur offrir des sacrifices publics. Cette Fête précédoit immédiatement celle de Théfée le plus illustre de leurs Rois.

L'Asie Mineure n'étoit peuplée que par des colonies Grecques que les enfans d'Hellen y avoient conduites. Le genie, les mœurs, la Religion y étoient les mêmes que dans la Gréce; on n'y adoroit pas d'autres Dieux, & l'on y étoit aussi porté à s'en faire de nouveaux. Les vastes conquêtes des Amazones, la fondation ou l'agrandissement de plusieurs Villes, la douceur de leur Gouvernement étoient pour les Asiatiques des raisons de les mettre au rang des Divinités Guerrieres & bienfaisantes. Les Autels de Saturne, de Jupiter, de Bacchus, d'Hercule, de Mars, de Bélus, de Decerto & de Sémiramis n'avoient été élevés que sur de tels fondemens. Il est vrai que les Ecrivains de l'Antiquité ne nous disent rien du culte que l'on rendoit aux Amazones dans l'Asie. Mais on doit aussi remarquer qu'ils nous laissent ignorer également, à un très-petit nombre d'anecdotes près, tout ce qui s'est passé dans cette partie du monde avant le tems de Cyrus. Il faut y supléer par les Médailles. Or ces monumens précieux nous aprennent qu'il y eut des Amazones placées au rang des Déesses. Pour peu que l'on ait vû de ces anciennes Monnoïes, on sait qu'il y avoit une différence essentielle dans la maniere de représenter les Dieux ou les hommes. Ceux-ci étoient toûjours habillés suivant leur état; les autres au contraire étoient nuds, ou seulement couverts d'une légere draperie, quelquefois portées sur un nuage, & toûjours avec les attributs qui leur étoient propres. C'est ainsi que l'on peignoit souvent les Reines des Amazones. Une piéce de Smyrne représente quelqu'une de ces Princesses, couronnée de tours, la hache d'armes à la main, assise sur un trône antique, & presque nuë jusqu'à la ceinture. Sur une autre gravée à Thyatire on voit une Amazone nuë par tout le devant du corps, tenant la hache à deux tranchans, & de l'autre main un rameau d'olivier; à sa droite est une Statuë de la grande Diane d'Ephése. En comparant cette Médaille avec celles qui représentoient des Dieux & des Déesses on voit manifestement que les Amazones

Part. II. p. 166.

Ch. Mathey Sculp.

étoient peintes comme celle-ci, & par conséquent qu'on leur rendoit les mêmes honneurs en quelque Ville de l'Asie dont elles étoient regardées comme les Fondatrices.

CHAPITRE VIII.

Tems & Durée des Amazones.

LA partie la moins interessante de l'Histoire des Amazones est sans contredit la plus difficile à toucher & à éclaircir. On voit manifestement la fausseté des conjectures ou des sistêmes qui ont été faits là-dessus par differens Auteurs, tant anciens (*b*) que modernes ; mais on ne trouve pas aussi promtement la voie qu'il faut tenir pour les rectifier. Il n'est pas étonnant que la plûpart se soient égarés, n'aïant jamais étudié

(*b*) Rien n'est plus bizare que tout ce qu'on lit sur ce sujet dans la Dissertation de PETIT. c. 42.

dié par principes l'Histoire Chronologique de la Gréce.

La principale difficulté consiste à fixer l'Epoque du regne des Amazones. Justin est le seul dont on puisse tirer quelque lumiere sur ce point. Suivant son récit (c) Tanaüs Roi de Scythie porta ses armes triomphantes jusqu'en Egypte où Vexoris regnoit alors. Il soumit aux Scythes toutes les Provinces qui séparent ces deux Roïaumes, & elles demeurerent sous la domination de ces Barbares du Nord jusqu'à ce que Ninus en fît la conquête, en jettant les fondemens du grand Empire d'Assyrie. C'étoit un peu plus de seize cens ans avant J. C.

(c) Justin. L. 1. c. 1. & L. 2. c. 3. & 4.

Seiziéme siecle avant J. C.

Long-tems (*d*) après, continuë Justin, je supose un siécle, ariva la fuite d'Ylinus & de Scolopite, qui pour éviter la faction des Grands ligués contr'eux, abandonnerent leur patrie, & se retirerent avec leurs femmes & un nombre d'amis fidéles dans le païs des Sarmates, où ils furent tous massacrés ; ce qui donna lieu à l'établissement du Roïaume des Amazones, comme nous l'avons (*e*) vû. Ainsi l'on peut dire que ce fut environ quinze cens ans avant l'Ere Chrétienne.

(*d*) JUSTIN dit *medio tempore*. Mais ce terme ne signifie rien, & la concurrence des autres Histoires me le fait déterminer à un siécle.

(*e*) Chap. II. de cette Histoire.

Jusques-là, rien n'est contraire à d'autres faits plus certains, ni aux régles de la vraisemblance, ni au sistême de Chronologie que nous avons (*f*) prouvé ailleurs, & qui n'a pas encore été attaqué. La concurrence de l'Histoire Grecque avec celle des Amazones soutiendra les premieres supositions.

Quinziéme siecle avant J. C.

Dès que les Amazones furent en assez grand nombre pour executer le projet de conquête qu'elles avoient formé, elles prirent les armes contre leurs voisins ; elles remporterent autant de victoires qu'elles livrerent de combats ; & de proche en

---

(*f*) Voïez mon HISTOIRE DES EMPIRES ET DES REP. avec les Cartes Chronologiques.

proche elles arriverent sur les bords du Thermodon. L'entrée de l'Asie Mineure leur devint facile par l'affoiblissement intérieur du gouvernement d'Assyrie. Déja la force réelle de cet Empire s'étoit éteinte avec les regnes de Ninus & de Sémiramis, qui en avoient élevé le trône. Après eux, le luxe & la molesse (*g*) s'introduisirent dans la Cour de Ninive ou de Babylone, & le Sceptre s'affoiblit de jour en jour en devenant méprisable. Ses sujets étoient les seuls qui en redoutassent la puissance ; mais les Etrangers osoient tout, & rarement leurs entreprises trouvoient-elles de l'oposition de la part du Prince. Celui qui regnoit alors n'en mit

---

(*g*) Justin. L. 1. c. 2. Diod. L. 2. p. 108.

aucune à l'irruption des Amazones dans la Cappadoce, du moins nous n'en voïons pas les effets, & elles s'emparerent ainsi de la plus grande partie de l'Asie Mineure, reprenant sur les Assyriens ce que leur Roi Ninus avoit enlevé aux Scythes.

Les Amazones venoient de finir ces conquêtes, ou peut-être y étoient-elles encore ocupées quand Bacchus, fils de Sémele & petit fils de Cadmus, en défit (*h*) quelques-unes dans le cours de son expédition aux Indes, & les mena faire la guerre aux Bactriens.

Quatorziéme siecle avant J. C.

Pendant les deux siécles suivans

(*h*) POLYÆNUS. *Stratag.* L. 1. c. 1. n. 3.

leur gloire & leur puissance s'étendirent au loin. Alors les fils d'Hellen peuploient l'Asie Mineure; ils y établissoient un commerce avec la Gréce dont ils étoient originaires, & ils y jettoient les fondemens de différentes Villes. Mais il étoit réservé aux Amazones de mettre la derniere main aux ouvrages qu'ils n'avoient fait que commencer. De gré ou de force elles en devinrent les maîtresses; elles les augmenterent, les embellirent, les rendirent florissantes, & les mirent à couvert des insultes de l'ennemi en les munissant de bonnes fortifications. C'est ce que l'on voit dans la plûpart de leurs Médailles, où elles sont gravées avec une couronne de tours sur la tête comme une marque de leur attention sur ce point.

Treizième siecle avant J. C.

Leurs exploits & leurs vertus guerrieres en firent un sujet d'étonnement chez les Nations étrangéres. Les Grecs se les représentoient comme des femmes infiniment redoutables, & plus dangereuses que tous les peuples de l'Univers. Ce fut cette idée dominante qui engagea Eurystée Roi de Mycenes à envoier Hercule enlever la Ceinture de la Reine des Amazones qui avoit son trône à Thémiscyre. Sa valeur & celle de ses compagnons le rendirent heureux dans son entreprise. Mais elle attira les armes des Amazones sur la Gréce. Elles s'y vengerent par les affreux ravages qu'elles commirent, avant que d'être arivées dans l'Attique, où le sort des armes leur fut contraire. Le même motif conduisit Penthésilée devant Troye avec les plus courageuses de sa Nation, qui y périrent toutes dans la même journée.

Ces deux malheurs, presque consécutifs, ruinerent l'Empire des Amazones. Dans l'une & l'autre de ces défaites, elles perdirent leurs Reines avec l'élite de leurs troupes, & manquant de sujets pour les remplacer, il ne fut pas difficile d'oprimer les autres & de les dépoüiller de ce qu'elles avoient aquis par la force des armes.

Il en resta néanmoins dans la Cappadoce une espéce de rejetton qui conserva les mœurs & les sentimens des premieres. Elles étoient encore en possession (i) d'une assez

---

(i) Q. Curt. L. 6. c. 5. Plutarch. in Alex.

Part.II. p.177.

Ch. Mathey Sculp.

grande étenduë de païs entre le Phase & le Mont Caucase lorsqu'Alexandre entreprit la conquête de l'Asie. Thalestris leur Reine aïant entendu parler des prodiges de valeur qui rendoient le jeune Héros formidable à tout l'Univers, alla le trouver dans l'Hyrcanie avec une escorte de trois cens Amazones. Avant que de passer les lignes qui formoient les retranchemens des Macédoniens, elle lui envoïa dire qu'une Reine, brulant du desir de le connoître, venoit lui rendre visite, & n'étoit pas éloignée de son camp. Alexandre aïant répondu qu'il seroit également charmé de la voir, elle fit arrêter ses

---

Diod. L. 17. p. 549. Justin. L. 12. c. 4. Je sais qu'Appien & Strabon ont attaqué ce fait ; mais assurément leurs raisons ne prouvent rien.

équipages, & s'avança vers la tente du Prince avec ses trois cens compagnes. Dès qu'elle l'aperçut elle descendit de cheval, & s'aprocha de lui tenant deux lances à la main pour lui servir de contenance. Le Roi lui demanda par un Interprete quel étoit le sujet de son voïage. " Seigneur, lui répondit
" Thalestris, je ne vous dissimule-
" rai point que l'envie d'avoir de
" votre postérité est le sujet qui
" m'améne. Si la nature me donne
" une fille, je la garderai & la ferai
" élever suivant nos mœurs & nos
" usages ; & si c'est un fils, je vous
" le renvoirai pour en prendre
" soin. Je me crois digne de don-
" ner des heritiers à votre Empi-
" re ". Alexandre retint la Princesse treize jours auprès de soi, n'ou-

bliant rien de ce qui pouvoit lui donner du plaisir par les Sacrifices & les Jeux magnifiques qu'il fit célébrer. Il auroit souhaité l'engager à le suivre dans son expédition, mais elle s'en excusa, & retourna dans son Roïaume.

Enfin on dit qu'il y avoit des Amazones (*l*) parmi les troupes des Albaniens lorsque Pompée défit ces Peuples & tua leur Roi dans une grande bataille. C'est le dernier trait que l'on trouve sur l'Histoire de ces illustres Guerrieres.

(*l*) PLUTARCH. *in Pomp.* APPIAN. *de bello Mithrid.*

CHAPITRE IX.

Amazones Etrangeres ou Modernes.

LA destruction du Roïaume des anciennes Amazones n'éteignit pas à jamais dans leur sexe le goût qu'elles avoient eu pour l'indépendance & les fonctions militaires. Soit qu'il y en ait toûjours eu quelques traces aux environs du Pont-Euxin, soit que le souvenir de la gloire qu'elles s'y étoient acquise y eût fait renaître l'envie de les imiter, un de nos Voïageurs raporte qu'on y en vit une societé semblable à celle des premieres.

Lorsque j'étois aux environs du

Caucase, dit le Pere (*m*) Archange Lamberti, on écrivit à Dadian, Prince de la Mengrelie, qu'il étoit sorti de ces montagnes des Peuples qui s'étoient distribués en trois troupes ; que la plus forte avoit attaqué la Moscovie, & que les deux autres s'étoient jettées dans le païs des Suanes & des Caratcholi, autres Peuples du Caucase ; qu'ils avoient été repoussés, & qu'entre leurs morts on avoit trouvé quantité de femmes. Ils aporterent même à Dadian les armes de ces Amazones, belles à voir, & ornées avec une curiosité de femmes. C'étoient des Casques, des Cuirasses & des Brassars faits de plusieurs petites lastres ou lames de fer, couchées les unes sur

(*m*) Le P. LAMBERTI, dans le grand Recueil de THEVENOT. to. I.

les autres. Celles de la Cuirasse & des Brassars se couvroient comme nos ressorts en feüilles, & obéissoient ainsi aisément aux mouvemens du corps. A la Cuirasse étoit attachée une espéce de cotte qui leur descendoit au milieu de la jambe, d'une étoffe de laine semblable à notre serge, mais d'un rouge si vif qu'on l'eût pris pour de très-belle écarlatte. Leurs Brodequins ou bottines étoient couvertes de petites papillottes ou paillettes de léton, percées par dedans & enfilées ensemble avec des cordons de poil de chévre, forts, déliés & tissus avec un artifice admirable. Leurs fléches étoient de quatre palmes de longueur, toutes dorées, & armées d'acier très-fin. Elles n'étoient pas absolument pointuës, mais larges par le bout de trois ou quatre lignes, comme le taillant d'un cizeau. Ces Amazones sont souvent en guerre avec les Tartares Calmouks. Le Prince Dadian promit de grandes récompenses aux Suanes & aux Caratcholi pour avoir une de ces femmes vive, si jamais il leur en tomboit quelqu'une entre les mains.

Le Chevalier (n) Chardin, qui a parcouru ce païs, dit que le Roïaume de Caket a eu autrefois plusieurs grandes Villes, & parmi les Peuples qui les ont détruites, il compte ceux du Mont Caucase & la Nation des Amazones. Celles-ci, ajoûte-t'il, touchent au Caket du côté du Septentrion.

(n) Voïage en Perse. p. 124.

Je n'ai vû personne qui ait été dans leur païs, mais j'ai oüi beaucoup de gens en conter des nouvelles, & l'on me montra chez le Prince un grand habit de femme d'une grosse étoffe de laine & d'une forme toute particuliere, qu'on disoit avoir servi à une Amazone, qui fut tuée auprès de Caket durant les dernieres guerres. Un jour j'eus à ce sujet un entretien assez long avec le fils du Prince de Georgie. Il me dit entr'autres choses qu'au dessus de Caket, à cinq journées de chemin vers le Septentrion, il y avoit un grand peuple qu'on ne connoissoit presque point, & qui étoit continuellement en guerre avec les Tartares Calmouks. Que tous les habitans du Caucase sont toûjours en guerre ensemble, & qu'on n'avance rien de faire la paix ou des Traités avec eux ; parce que ce sont des Peuples sauvages, qui n'ont ni Religion ni Loix, ni police. Ceux qui sont les plus proches de Caket y font souvent des courses. Je raportai à ce jeune Prince ce que les Histoires Grecques & Romaines racontent des Amazones, & après avoir discouru quelque tems sur ce sujet, son avis fut que ce devoit être un peuple de Scythes errans, comme les Turcomans & les Arabes, qui déféroient la souveraineté à des femmes, comme font les Achinois, & que ces Reines se faisoient servir par des personnes de leur sexe, qui les suivoient par tout. Nous comprîmes aisément qu'elles alloient à cheval comme les hommes, & même aussi bien ; parce qu'en Orient toutes les femmes montent à cheval, & que les Princesses y portent le poignard au côté.

On trouve dans les Histoires étrangeres plusieurs exemples qui ont raport au même sujet. Libyssa (*o*) étant montée sur le trône de Boëme après la mort de son pere Crocus se fit admirer par la maniere dont elle gouverna ses sujets, malgré la singularité de ses maximes. La part que les femmes eurent dans l'administration de l'Etat pourroit faire dire que ce fut le tems de leur regne. Non contentes de composer en grande partie le Conseil souverain, la plûpart embrasserent un

---

(*o*) ÆNEAS SILVIUS. *Hist. Boëm.* c. 7. ALBERTUS KRANTZIUS. *Chron. regnorum. Aquilonarium.* L. 1. c. 8.

genre de vie contraire aux ocupations ordinaires de leur sexe ; elles s'éxercerent à manier les armes, à monter à cheval, & à aprendre tout ce qui concernoit la guerre. Cette espéce de goût, d'air ou de mode devint générale dans le roïaume, parcequ'il étoit conforme à Libyssa, & il produisit un grand nombre de femmes, qui avoient autant d'inclination pour la vie guerriere qu'elles en sentoient peu pour les ocupations domestiques.

Après la mort de la Princesse, une de ses principales favorites nommée Valasca, femme d'esprit & intrigante, entreprit de profiter de l'ocasion qui se présentoit pour distinguer son sexe. Elle rassembla toutes celles qui avoient apris les exercices militaires, elle se mit à leur tête, & soutenuë de ces troupes courageuses, elle se mit en possession du Roïaume de Boëme, dont elle joüit sept années consecutives. Ses vûës ne se bornerent pas à son élevation sur le trône. Pensant à s'y maintenir, & même à y établir son sexe, elle fit des loix qui tendoient à l'execution de ce dessein, & qui remettoient en vigueur celles des Amazones. Il fut ordonné que celles qui n'avoient point de maris auroient la liberté d'en prendre pour soutenir l'Etat; Qu'elles éleveroient avec grand soin les filles qui leur naîtroient; mais qu'elles aracheroient l'œil droit aux garçons & leur couperoient les pouces, afin de les mettre dans l'impossibilité de tirer de l'arc & de manier aucune sorte d'armes. Cet ordre barbare fut rigoureusement executé pendant tout le regne de Valasca ; les femmes s'étans rendu si puissantes & si redoutables, que les hommes n'oserent s'y opposer sans courir le risque de leur vie. La mort de la Princesse rétablit les choses dans l'ordre naturel.

S'il est difficile d'adopter tout ce que Diodore de Sicile (*p*) a dit sur les conquêtes des anciennes Amazones de l'Afrique, il sert du moins à nous montrer l'origine de celles que l'on y a trouvées depuis trois cens ans. Un Voïageur Portugais (*q*) raporte que dans le roïaume de Damut en Ethiopie il a vû une societé nombreuse de femmes qui avoient en-

(*p*) DIOD. SIC. L. 3. p. 185.

(*q*) Le P. JEAN DES SAINTS, Dominicain. Descript. de l'Ethiopie Orientale.

tierement conservé les mœurs & les coûtumes des Amazones du Pont-Euxin. L'exercice des armes, soit à la chasse, soit à la guerre, faisoit leur ocupation principale. On leur bruloit la mammelle droite dès qu'elles étoient en âge de pouvoir soutenir l'operation. Pour l'ordinaire elles vivoient dans le célibat. Mais celles qui prenoient le parti du mariage n'élevoient que leurs filles, & dès qu'elles avoient sevré les garçons elles les remettoient à leurs maris pour qu'ils en prissent soin. Le trône ne pouvoit être ocupé que par une Reine, qui donnoit l'exemple d'une continence rigide, & que sa vertu rendoit respectable non seulement à ses sujets, mais aux Princes étrangers. Ils traitoient avec elle comme ils auroient fait entr'eux;

ils s'estimoient heureux d'être du nombre de ses alliés ; & loin de chercher la ruine de sa puissance, ils lui envoioient du secours pour se défendre contre les ennemis qui l'attaquoient. Elle ne relevoit que des successeurs du Prete-Jean, dont la domination s'étendoit sur tous les Princes de l'Ethiopie. Une Ile qui étoit vers la côte orientale de ce païs n'étoit habitée que par des femmes qui avoient embrassé le même genre de vie.

Il est plus surprenant d'avoir trouvé dans l'Amerique une espéce d'Amazones dont les mœurs étoient presque semblables à celles du Thermodon. Quelle qu'en ait été l'origine, le fait est attesté formellement par des Auteurs estimés, & nous ne ferons que raporter leurs paroles.

Les Toupinambous, dit le Pere d'Acugna (r) nous confirmerent le bruit qui couroit par toute notre grande riviere de ces célébres Amazones, dont elle emprunte son véritable nom, & sous lequel elle a été connuë depuis les premiers jours qu'elle fut découverte jusqu'aujourd'hui, non seulement par ceux qui y ont voïagé, mais encore par tous les Cosmographes qui en ont traité certainement. Il seroit bien étrange que cette grande riviere eût pris le nom d'Amazone sans aucun fondement raisonnable, & que pouvant se donner un nom qui l'auroit rendu fameuse, elle n'eût été connuë que sous un nom fabuleux.

(r) Le P. CHRISTOPHLE D'ACUGNA Jésuite Espagnol ; traduit par GOMBERVILLE. De la Riviere des Amazones. c. LXX.

Cela ne peut tomber sous le sens, & il n'est pas croïable qu'une Riviere comme la nôtre, qui possede tant d'avantages (ſ) pardessus toutes les autres, ait tiré sa gloire d'un titre qui ne lui apartient pas; comme nous voïons dans les gens, qui n'aïant pas assez de vertu pour emporter par leurs propres forces

---

(ſ) C'est avec raison qu'on regarde ce fleuve comme extraordinaire; car il surpasse tous les autres du monde à quelqu'égard que ce puisse être. On lui donne au moins douze cens lieues de cours. Il en a communément quatre à cinq de large, & jamais moins de deux; son embouchure en porte quatre-vingt quatre; & en bien des endroits on ne peut en trouver le fonds. Comme le Nil, il a ses débordemens qui répandent la graisse & la fertilité dans les campagnes. Les bois, les fruits & les moissons y couvrent les terres & les collines; les Peuples voisins y ont toutes les douceurs de la pêche & de la chasse; ils sont spirituels & agiles; & ils trouvent l'or & l'argent soit dans le fleuve des Amazones, soit dans tous ceux qui le grossissent, soit dans les montagnes qui le bornent de côté d'autre. LE COMTE PAGAN. *De la Riviere des Amazones.* c. I.

Tome II. I

la gloire qu'ils desirent, ont la lâcheté de se parer des avantages d'autrui. Mais les preuves que nous avons pour assurer qu'il y a une Province d'Amazones sur les bords de cette riviere, sont si grandes & si fortes, qu'on ne peut s'y refuser. Je ne parlerai pas des recherches qui ont été faites par les ordres de la Cour de (*t*) Quito, par lesquelles on aprit de differens témoins natifs des lieux mêmes, qu'une de ces Provinces voisines de la grande riviere est peuplée de femmes belliqueuses, qui vivent & se gouvernent seules sans hommes ; qu'en certain tems de l'année elles se donnent à des hommes du voisinage pour en avoir des enfans ; &

―――――――

(*t*) Capitale & Gouvernement du Perou pour le Roi d'Espagne.

que tout le reste de l'année elles vivent dans leurs bourgs, ne s'ocupant qu'à cultiver la terre & à se procurer par le travail les choses nécessaires à la vie. Je n'insisterai pas non plus sur les informations du Gouverneur de Pasto dans le nouveau Roïaume de Grenade, où l'on entendit plusieurs Indiens, & particulierement une Indienne, qui assurerent avoir été dans le païs où ces femmes courageuses sont établies, & qui n'avancerent rien qui ne fût conforme à tout ce qu'on en savoit déja par les précédentes relations.

Je n'avancerai que ce que j'ai entendu moi-même, & ce que j'ai vérifié pendant tout le tems que j'ai été sur la riviere des Amazones. Ceux qui en habitent les bords m'ont attesté qu'il y avoit dans leur païs des femmes telles que je les leur dépeignois ; & chacun en particulier m'en donnoit des preuves si constantes & si conformes, que si la chose n'est pas, il faut que le plus grand des mensonges passe par tout le nouveau monde pour la plus constante de toutes les vérités historiques. Mais nous eûmes de plus grandes lumieres de la Province que ces femmes habitent, de leurs coutumes singulieres, des Indiens qui communiquent avec elles, des chemins par lesquels on va dans leurs contrées, & de ceux du Païs avec lesquels elles ont commerce dans le dernier village qui leur sert de confins & aux Toupinambous.

Elles ont leurs habitations sur de hautes & prodigieuses montagnes, dont une s'éleve extraordinairement au-dessus de toutes les autres, & elle est si fort battuë des vents & brulée par les ardeurs de la ligne, qu'elle ne peut produire aucune sorte d'herbes ni de plantes. Ces femmes se sont toujours conservées dans leur République sans le secours des hommes. Lorsque leurs voisins viennent sur leurs terres au tems dont on est convenu, elles les reçoivent armées de leurs arcs & de leurs fléches, jusqu'à ce qu'elles se soient assurées qu'ils n'ont aucun dessein de les surprendre. Alors elles quittent leurs armes, & accourent aux canots ou autres petits bateaux de leurs voisins. Chacune prend celui qui lui convient; elle le mene dans sa maison; elle lui offre son amaça, qui est un lit de cotton suspendu avec des cordes, & elle le traite de son mieux pendant tout le tems de ce séjour.

Elles dressent au travail & à l'exercice des armes les filles qui naissent de cette visite, & elles ne négligent rien pour leur inspirer dès l'enfance la valeur & l'amour de l'indépendance des hommes. Mais on ne sait pas au juste ce qu'elles font des mâles. Un Indien me dit que dans sa jeunesse il avoit acompagné son pere à cette entrevûe, & il m'assura qu'elles les rendoient l'année suivante aux hommes dont elles les avoient eus, & que ceux-ci les recevoient avec plaisir. D'autres tiennent qu'elles les font mourir dès qu'ils sont nés, & c'est ce qui passe pour le plus constant. L'un & l'autre peuvent être vrai suivant la différence des contrées & des coutumes. On est persuadé qu'elles possedent des trésors capables d'enrichir plusieurs Roïaumes; mais on n'a pas encore entrepris de les leur enlever. On craint avec raison d'attaquer une Nation entiere de femmes belliqueuses, à qui la liberté est plus chere que toutes les richesses du monde, & qui ne la deffendent qu'avec des fléches, trempées dans un poison qui porte la mort en même tems que le coup.

Le Comte Pagan à la vérité n'avoit pas été sur les lieux comme le Pere d'Acugna; mais il avoit lu les meilleures Relations du nouveau Monde, & les recherches que l'on voit dans son Histoire montrent qu'il en étoit très-instruit. Il ne faut pas faire attention au stile d'un homme qui écrivoit il y a près d'un siécle.

Que l'Asie (u) ne se vante plus de ses anciennes Amazones ; l'Amérique ne lui cede point cet avantage. Que les campagnes de Thémiscyre ne triomphent plus de la renommée de ces Femmes illustres ; celles de la Province d'Aspante ne l'ont pas rendu moins célébre ; & que le fleuve du Thermodon ne se glorifie plus d'avoir seul porté des Guerrieres redoutables ; la riviere de Coruris n'est pas moins fameuse par celles qui en habitent les bords. Les montagnes de Guyane, fécondes en mines d'or & d'argent sont leurs limites du côté du Nord, & le Mont Yacamabe, plus élevé que tous les autres, est au milieu de leurs belles & fertiles valées. La premiere connoissance

---

(u) LE COMTE PAGAN. *De la Riv. des Amazones.* c. 49.

qu'en eurent les Espagnols leur vint du Prince Aparia en 1541. & le consentement de toutes les Nations du grand fleuve des Amazones en faveur de cette vérité, en a donné le nom à cette grande riviere.

Quoique le détail de leur Gouvernement intérieur ne soit pas encore bien assuré, les belles actions qu'elles firent pendant les guerres de cette conquête confirment tout ce qu'on en a apris par leurs voisins. Les Histoire d'Acosta & d'Herrera raportent que souvent on les a vu armées à la tête des bataillons, soutenir tout l'effort des ennemis, & exciter les Indiens à imiter leur courage. La valeur d'une jeune fille de la Province de Bogore, qui ne succomba qu'après avoir percé cinq Espagnols de ses fléches empoisonnées, sera à jamais mémorable ; & celles qui se présenterent à la tête des Amériquains sur le bord du fleuve fraperent les Européens d'une fraïeur qui les empêcha d'aller attaquer les autres. L'Audience de Quito se fit un devoir d'en prendre connoissance, & elle aprit par ceux qu'elle avoit envoïés sur la frontiere, que dans les vastes campagnes de cette partie de l'Amérique il y avoit une région peuplée de Femmes guerrieres, qui n'avoient de communication avec les hommes qu'en certains jours de l'année. L'Audience de Pasto, fit de pareilles informations, & les témoignages se trouverent conformes à ce qu'on en avoit apris par la renommée. Enfin la Nation entiere des Toupinambous en parloit comme d'un fait incontestable ; & elle disoit de leur politique & de leur valeur les mêmes choses que les Grecs nous ont transmises des Amazones de l'Asie.

La difficulté est de sçavoir d'où a pu venir une telle conformité de mœurs entre des femmes placées dans des Païs respectivement inconnus aux unes & aux autres. On peut croire premierement que certaines révolutions ou circonstances particulieres ont ocasionné leur séparation des hommes, & qu'un caractere d'indépendance & de fierté a soutenu un projet que la révolte ou le hazard avoient fait concevoir.

2°. Quoique je ne voulusse pas affirmer que les Amazones du nouveau Monde sont une colonie de celles de l'Ancien, il y a cependant des raisons qui le feroient peut-être soupçonner. Diodore dit (x) que les Amazones de l'Afrique pousserent leurs Conquêtes, ou plûtôt leurs courses jusques sur les bords de la Mer Atlantique, & l'on assure (y) qu'il en reste encore dans le Monomotapa. Or ne peut-il pas se faire que quelques-unes se soient embarquées par tel motif que l'on voudra, & qu'elles ayent passé dans l'Amérique, où elles auront inspiré leur maniere de vivre, excepté le retranchement de la mammelle, qui n'est qu'une particularité indifférente à l'état de ces Femmes Guerrieres? Je ne vois rien dans cette suposition qui tienne de l'impossible; elle est au contraire plus probable qu'on ne se l'imagine.

(x) *Biblioth.* L. 3. p. 185.
(y) Bunq *in notis ad Cluverium.* p. 662.

Rien n'est moins fondé que de dire, que l'Amérique a été peuplée par la communication inconnuë de cette partie du monde avec l'Asie. Personne n'aïant vû cette prétendue langue de terre que l'on supose du côté du Nord, elle est tout au moins incertaine ; par conséquent la preuve ne peut avoir aucune force. Il faut donc que l'Amérique ait reçu (z) ses premiers habitans de l'Europe ou de l'Afrique. Les Savans le nient ou n'osent l'avancer par cette raison, que les anciens Historiens ou Géographes n'en ont pas parlé expressément. On auroit pu sur le même principe nier l'existence des terres Australes, des extrémités Occidentales de l'Europe,

---

(z) *Vide* Grotium. *de orig. Gentium. American.* & Calvetan. *Nova novi Orbis Historia.*

la partie Méridionale de l'Afrique, l'Ile de Madagascar & celles du Japon; aucun des Anciens n'en a fait mention. Comme leur silence marque seulement l'imperfection de leurs connoissances sur la Géographie, il ne prouve rien contre la réalité du commerce qu'il a dû y avoir entre les Peuples de l'ancien Monde & ceux du nouveau. Je conviendrai si l'on veut que ces voïages de long cours n'étoient pas fréquens. Mais il faut bien qu'il y en ait eu, puisqu'on ne sauroit prouver que l'Amérique a été peuplée d'une autre maniere.

Le commerce, la pêche, la curiosité, le hazard, la violence d'une tempête a d'abord conduit des Navigateurs dans un Païs où ils ne comptoient pas aller. Quelques-uns en sont revenus plein d'étonnement & peut-être avec de grandes richesses, & ils ont inspiré aux autres la hardiesse de faire le même trajet. Or il n'est point étonnant que les Géographes & les Historiens de ces tems reculés aient ignoré ces navigations particulieres. Leur rareté, ceux qui les risquoient & le motif qui pouvoit les conduire ne pouvoient pas faire grand bruit dans le monde; & quand ils en auroient fait, il ne seroit pas parvenu jusqu'à ceux qui en auroient pu instruire la postérité.

Nous n'avons aucun Ecrivain de l'Europe & de l'Afrique Occidentales avant les premiers siécles de l'Eglise, & nous ignorons tout ce qui s'y est passé jusqu'à la conquête des Romains. Les Grecs, de qui nous avons reçû la connoissance de l'Antiquité, n'avoient aucune relation avec le païs que nous habitons, & ils ne savoient rien de ce qui s'y faisoit. Jules César, l'un des premiers Historiens Romains que nous aïons, est aussi le premier qui nous ait parlé des Gaules. Avant lui, il semble qu'elles aïent été ignorées de toutes les Nations, de même que l'Afrique Méridionale & Occidentale. Ainsi c'est mal conclure, de dire qu'il n'y avoit point eu de commerce jusqu'alors entre ces deux parties du Monde avec l'Amérique, parce que les Historiens Grecs ou Latins n'en ont rien dit.

Ce commerce étoit à la vérité plus difficile & plus dangereux sans le secours de la Boussole, qui n'a été trouvée que vers le douziéme siécle. Mais il n'étoit pas impossible, puisque les Phéniciens & les Egyptiens alloient aux Indes, & d'un autre côté aux Îles Canaries par le Cap de Bonne-Espérance, ce qui fait un trajet plus grand que d'Europe en Amérique, & que les Portugais ont eu bien de la peine à tenir sur la fin du quatorziéme siécle avec tous les secours que nous avons pour la navigation. Les Anciens supléoient au défaut de la Boussole par quelque maniere ou Astrolabe que nous ne connoissons plus.

La fameuse Ile *Atlantide*, que les plus habiles Géographes n'osent pas nier avoir existé autrefois, offroit d'ailleurs une facilité pour passer en peu de jours dans l'Amérique ; & il est probable que sa submersion a fait cesser les voïages des Européens

& des Africains. Platon en parle fort au long dans ses Dialogues ; & quoique ce qu'il en dit soit mêlé de beaucoup de fables, néanmoins plusieurs Savans conviennent aujourd'hui que son récit renferme un fonds de vérité. Dans l'un (*a*) il en fait la description, & dans l'autre (*b*) il en raporte la fatale destinée. Il dit que Solon étant allé en Egypte pour connoître les Loix & la sagesse du Gouvernement, un Prêtre du Païs l'assura, qu'au delà des Colonnes d'Hercule il y avoit une Ile plus grande que l'Asie & l'Afri-

---

(*a*) PLATO. *in Critia.*

(*b*) *Idem in Timæo.* Il en parloit d'après le livre que Solon avoit fait sur cette matiere. STRABO. L. 2. p. 160. DIOD L. 5. Vossius dit que cet Auteur en parloit dans son ci quiéme Livre véritable, qui étoit uniquement sur les Isles, mais qui est perdu. *de Hist. Gr.* L. 2. c. 2.

que ensemble ; que delà on pouvoit aller aux Iles voisines, & de celles-ci à un Continent qui étoit à l'oposite, & voisin de la véritable mer, c'est-à-dire, l'Ocean. Comme les Egyptiens navigeoient autour de l'Afrique, le Prêtre pouvoit en dire à Solon des choses dont les Grecs n'avoient aucune connoissance. Dans cette Ile nommée *Atlantide*, étoient des Rois (*c*) très-puissans, qui éxerçoient leur domination sur toute l'Ile, sur plusieurs autres, & même sur la plus grande partie de l'Afrique. Mais il arriva, disoit encore l'Egyptien à Solon, que par un violent tremblement de terre & une pluye horrible, la terre s'entr'ou-

(*c*) Il y a eu un tems où les Carthaginois en ont été les maîtres, & ils n'en permettoient pas l'entrée aux Européens. CLUVER. L. 6. c. 11. & DIOD. L. 5.

vrant engloutit l'Ile Atlantide, & que depuis la Mer n'y fut plus navigable. Ce récit abrégé nous aprend qu'il y avoit autrefois une grande Ile habitée, vis-à-vis le détroit que nous apellons de Gibraltar; qu'elle étoit voisine d'autres Iles & d'un Continent oposé; tout cela est très-possible.

La grandeur de cette Ile a fait croire à quelques-uns (d) que c'étoit l'Amérique. Mais il est plus vraisemblable (e) que c'étoit une vaste étendue de Païs, dont les Canaries & les Açores faisoient peut-être partie. Celles-ci sont sujettes à d'horri-

---

(d) BAUDRAN & ORTELIUS. Thesaur. SANSON. CLUVIER. & d'autres. CELLARIUS. n'ose se déterminer.

(e) Le P. KIRCHER. de Mundo subterran. to. 2. L. 2. c. 12. & 13.

bles tremblemens de terre, & la mer y fait d'affreux ravages pendant ces révolutions de la nature. Les Anciens avoient conservé sur ces sortes d'évenemens une tradition précieuse à laquelle on ne fait pas assez d'attention. Tel est le débouchement du Pont-Euxin raporté par Diodore de Sicile (f), & qui causa de si grands désordres dans les Iles situées à son passage, que celle de Samo-Thrace en fut inondée jusqu'aux plus hautes montagnes. Si l'Afrique & l'Espagne étoient autrefois contiguës comme les Anciens l'ont cru, il est probable que l'effroïable impétuosité des eaux de la Méditerranée qui se vuida alors dans l'Océan submergea & emporta la plus

---

(f) Diod. L. 5.

grande partie de cette Ile, qui étoit à l'oposite. L'un de nos plus savans Voïageurs (*g*) le pensoit ainsi, & il doute si l'Amérique ne seroit pas elle-même une partie de l'ancienne Atlantide. Mais il est plus naturel de croire (*h*) que l'Amérique est ce Continent désigné par Platon, au-delà de l'Atlantide & des Iles voisines. L'existence de cette Ile est favorable pour montrer par quelle voie l'Amérique a pu être peuplée de bonne heure, & pourquoi on a cessé d'y entretenir aucun commerce. On peut suposer après Platon que l'Atlantide n'étoit pas (*i*) fort

(*g*) M. DE TOURNEFORT. Voïage du Levant. to. 2. p. 65.

(*h*) LA MARTINIERE. au mot *Atlantide*.

(*i*) SENEQUE l'avoit entendu dire ainsi ; ce qui lui a fait annoncer qu'un jour on découvriroit un

éloignée de l'ancien Continent, & qu'elle s'étendoit très-loin vers l'Occident, où est l'Amérique, dont elle pouvoit être voisine.

Or c'est par-là que les Amazones d'Afrique ont pu passer dans l'autre Hemisphere, & qu'elles y auront inspiré leur maniere de vivre à d'autres femmes, si le hazard ne l'a pas fait embrasser à celles que l'on y a trouvées près du grand fleuve qui porte leur nom [...]

nouveau Monde. Ses vers sont remarquables. *in Traged. Medea. Act. IX.*

Venient annis sæcula seris
Quibus Oceanus vincula rerum
Laxet, & ingens pateat Tellus;
Tethysque novos detegat Orbes;
Nec sit terris ultima Thule.

Fin de la seconde Partie.

APPROBATION.

J'Ai lû par ordre de Monseigneur le Chancelier un Manuscrit qui a pour titre *L Histoire des Amazones* ; & j'ai cru qu'on pouvoit en permettre l'impression. A Paris le 5. Mai 1740.

MAUNOIR.

PRIVILEGE DU ROI.

LOUIS, par la grace de Dieu Roy de France & de Navarre: A nos amez & feaux Conseillers, les Gens tenans nos Cours de Parlement, Maîtres des Requêtes ordinaires de notre Hôtel, Grand Conseil, Prevôt de Paris, Baillifs, Senechaux, leurs Lieutenans Civils, & autres nos Justiciers qu'il apartiendra. Salut. Notre bien-amé le Sieur Abbé Guion, Nous ayant fait remontrer qu'il souhaiteroit faire imprimer & donner au Public un Manuscrit qui a pour titre *Histoire des Amazones*, par ledit Sieur Abbé Guion ; s'il nous plaisoit lui acorder nos Lettres de privilege sur ce nécessaires ; offrant pour cet effet de le faire imprimer en bon papier & beaux caracteres, suivant la Feuille imprimée & attachée pour modele sous le contre-scel des Présentes. A ces causes voulant traiter favorablement ledit Exposant, Nous lui avons permis & permettons par ces Présentes de faire imprimer ledit Ouvrage ci-dessus cy-dessus spécifié en un ou plusieurs Volumes, conjointement ou séparément, & autant de fois que bon lui semblera, & de le faire vendre & débiter par tout notre Royaume, pendant le tems de neuf années consecutives, à compter du jour de la datte desdites Presentes. Faisons défenses à toutes sortes de personnes de quelque qualité & condition qu'elles soient, d'en introduire d'impression étrangere dans aucun lieu de notre obéïssance; comme aussi à tous Libraires, Imprimeurs, & autres d'imprimer, faire imprimer, vendre, faire vendre, débiter ni contrefaire ledit Ouvrage ci-dessus exposé en tout ni en partie, ni d'en faire aucuns extraits, sous quelque pretexte que ce soit, d'augmentation, correction, changement de titre ou autrement, sans la permission expresse & par écrit dudit Sieur Exposant, ou de ceux qui auront droit de lui; à peine de confiscation des Exemplaires contrefaits, de trois mille livres d'amende contre chacun des contrevenans, dont un tiers à Nous, un tiers à l'Hôtel-Dieu de Paris, l'autre tiers audit Exposant, & de tous dépens, dommages & interêts : A la charge que ces Presentes seront enregistrées tout au long sur le Regiftre de la Communauté des Libraires & Imprimeurs de Paris, dans trois mois de la datte d'icelles; que l'impression de cet Ouvrage sera faite dans notre Royaume & non ailleurs, & que l'Impétrant se conformera en tout aux Réglemens de la Librairie; & notamment à celui du 10. Avril mil sept cent vingt-cinq; & qu'avant que de l'exposer en vente le Manuscrit ou Imprimé qui aura servi de Copie à l'impression dudit Ouvrage, sera remis dans le même état où l'aprobation y aura été donnée ès mains de notre très cher & féal Chevalier le sieur DAGUESSEAU Chancelier de France, Commandeur de nos Ordres; & qu'il en sera ensuite remis deux exemplaires dans notre Bibliotheque publique, un dans celle de notre Château du Louvre, & un dans celle de notre très-cher & féal Chevalier le sieur DAGUESSEAU, Chancelier de France, Commandeur de nos Ordres; le tout à peine de nullité des Présentes. Du contenu desquelles vous mandons & enjoignons de faire joüir l'Exposant ou ses ayans cause, pleinement & paisiblement, sans souffrir qu'il leur soit fait aucun trouble ou empêchement. Voulons que la copie desdites Présentes, qui sera imprimée tout au long au commencement ou à la fin dudit Ouvrage, soit tenuë pour düement signifiée, & qu'aux Copies collationnées par l'un de nos amés & feaux Conseillers & Secretaires, foi soit ajoûtée comme à l'Original. Commandons au premier notre Huissier ou Sergent de faire pour l'execution d'icelles, tous Actes requis & necessaires sans demander autre permission, & nonobstant clameur de Haro, Charte Normande & Lettres à ce contraires. Car tel est notre plaisir. DONNÉ à Paris le troisiéme jour du mois de Juin, l'an de grace mil sept cens quarante, & de notre Regne le vingt-cinquiéme. Par le Roy en son Conseil.

SAINSON.

Signé, SAUGRAIN, *Syndic.*

J'ai cedé & transporté mon droit au presens Privilege au Sieur Jean Villette le fils, pour en joüir en mon lieu & place, suivant l'acord fait entre nous. A Paris ce 14. Juin 1740.

GUION.

Registré ensemble la cession sur le Registre X. de la Chambre Royale des Libraires & Imprimeurs de Paris, n. 374. fol. 360. conformément aux anciens Reglemens confirmés par celui du 28. Février 1723. A Paris le 15. Juin 1740.

www.ingramcontent.com/pod-product-compliance
Lightning Source LLC
Chambersburg PA
CBHW071907160426
43198CB00011B/1202